초등학생을 위한 세상모든지식
e지식사전

초판 1쇄 인쇄 | 2010년 3월 5일
초판 1쇄 발행 | 2010년 3월 10일

지은이 | 김경희
그린이 | 김지효
표지디자인 | 블룸
펴낸이 | 하광석
펴낸곳 | 자유로운 상상
등록 | 2002년 9월 11일(제13-786호)
주소 | 서울시 서울시 성북구 장위동 231-187 102호
전화 | 392-1950 팩스 | 363-1950

ⓒ김경희, 2005 Printed in Korea

ISBN 978-89-90805-49-2 73810

정가 9,000원

잘못된 지식은 가라!
정확하고 재미있는 지식이 쑥쑥~

어린이들은 세상의 모든 것을 알고 싶어하는 '호기심 대장'들이랍니다. 그래서 우리 주변에서 일어나는 모든 일에 대해 끊임없이 의문을 가지고 궁금해하지요.
그런데 여러분은 그 궁금증에 대한 대답을 얼마나 정확하게 알고 계신가요?

"TV를 오래 보거나 컴퓨터를 오래 하면 시력이 나빠진데!"
"정말, 물만 마셔도 살이 찔까?"
"신데렐라가 유리구두를 정말 신었을까?"

우리는 지금까지 이러한 것들을 너무도 당연하게 알고 있었어요.
그런데 이렇게 당연한 것들이 우리 모두가 잘못 알고 있는 것이라고 합니다.
세상에나, 하루아침에 그동안 내가 알고 있었던 사실들이 잘못된

것들이라니 정말 당황스럽지요?
어떻게 생각하면 상식은 알아도 그만, 몰라도 그만일지도 몰라요.
하지만 잘못 알고 있는 상식은 제대로 알아야 할 필요가 있습니다.
잘못 알고 있는 지식은 우리의 호기심을 제대로 충족시켜 주지 못하거든요. 또한 잘못 알고 있는 속설이나 민간요법 등으로 건강을 해칠 수도 있고요. 그뿐이 아니에요.
우리가 잘못 알고 있는 역사지식 때문에 우리의 역사가 왜곡될 수도 있습니다.
이제, 제대로 된 지식을 알고 싶다고요?
그렇다면 『e 지식사전』을 펼치고 책 속으로 빠져 보는 거예요.
지금까지 잘못 알고 있던 여러분의 지식을 정확한 지식으로 바꿔보는 좋은 계기가 될거예요.
또한 올바른 지식은 우리의 학습 성적도 분명히 쑥쑥 올려 줄 것입니다.

글쓴이 **김경희**

차례

 **인체편**

머리가 크면 영리해서 공부도 잘 한다고요? 11 | 왼손잡이가 오른손잡이보다 머리가 더 좋다고요? 12 | 방귀 냄새가 고약하거나 많이 뀌면 몸이 안 좋다는 증거라고요? 14 | 안경을 쓰면 시력이 더 나빠진다고요? 16 | TV를 가까이 보거나 컴퓨터를 오래 하면 시력이 나빠진다고요? 17 | 젖니는 어차피 빠질 치아니까 치료할 필요가 없다고요? 18 | 코피가 날 때는 머리를 뒤로 젖히라고요? 20 | 축농증이 있으면 머리가 나빠진다고요? 21 | 지능이 낮을수록 최면에 잘 걸린다고요? 22 | 팔을 많이 사용하면 팔이 굵어진다고요? 23 | 손톱이 죽은 뒤에도 계속 자란다고요? 24 | 흰머리는 뽑을수록 더 많이 난다고요? 26 | 도둑은 발이 크다고요? 28 | 손이 큰 아이가 키도 크다고요? 29 | 몰래 숨어서 먹으면 딸꾹질이 난다고요? 30 | 갑자기 놀라게 하면 딸꾹질이 멎는다고요? 31 | 귀지를 파내지 않으면 귓속이 막힌다고요? 32 | 산보다 해변에서 살이 더 잘 탄다고요? 33 | 때는 밀수록 많이 나온다고요? 34 | 잠이 모자라면 하품이 나온다고요? 36 | 털이 많은 사람은 힘이 세다고요? 37 | 이가 없으면 잇몸으로 산다고요? 38 | 아기가 빨리 걷거나 많이 업어 주면 다리가 휜다고요? 39 | 남자의 갈비뼈가 여자보다 하나 적다고요? 40 | 남자와 여자는 맹장의 위치가 다르다고요? 41 | 남자에게만 목젖이 있다고요? 42

 **건강편**

벌레 물린 데 침을 바르면 낫는다고요? 45 | 다리에 쥐가 났을 때 침을 바르면 낫는다고요?

46 | 눈병은 쳐다만 봐도 옮는다고요? 47 | 피부병이 있을 때 소금물로 씻으면 좋다고요? 48 | 시력이 나쁘면 눈곱이 낀다고요? 49 | 날씨가 추우면 감기에 걸린다고요? 50 | 감기는 주사 한 방이면 씻은 듯이 낫는다고요? 51 | 식초를 많이 먹으면 몸이 부드러워진다고요? 52 | 어지러우면 빈혈이라고요? 53 | 열이 많은 사람에겐 인삼이 나쁘지만 홍삼은 좋다고요? 54 | 아기 때 녹용을 먹으면 머리가 좋아진다고요? 55 | 껌은 우리 몸에 좋지 않다고요? 56 | 껌을 씹으면 양치를 하지 않아도 된다고요? 57 | 사이다나 콜라를 먹으면 소화가 잘 된다고요? 58 | 날달걀을 먹으면 목소리가 좋아진다고요? 59 | 살을 빼는 데는 굶는 것이 최고라고요? 60 | 물만 마셔도 살이 찐다고요? 62 | 여름에 먹는 보약은 땀으로 다 나간다고요? 63 | 속이 쓰릴 때는 우유를 먹으라고요? 64 | 땀띠에는 베이비파우더가 특효약이라고요? 65 | 잘 씻지 않아 여드름이 생긴다고요? 66 | 결혼하면 여드름이 없어진다고요? 67 | 보약을 먹으면 살이 찐다고요? 68 | 모든 암이 유전된다고요? 69 | 햇볕을 쬐는 것이 아기 몸에 좋다고요? 70 | 세균은 모두 나쁘다고요? 71 | 지방이 건강에 안 좋다고요? 72 | 콜레스테롤은 무조건 나쁘다고요? 73 | 사우나를 하면 살이 빠진다고요? 74

음식편

라면을 먹고 자면 얼굴이 붓는다고요? 77 | 마늘을 많이 먹으면 몸에 좋다고요? 78 | 피부병이 있을 때 닭고기를 먹지 말라고요? 80 | 닭고기를 먹으면 닭살이 된다고요? 81 | 여름에 돼지고기는 잘 먹어야 본전이라고요? 82 | 커피는 무조건 건강에 좋지 않다고요? 84 | 달걀 노른자보다 흰자에 단백질이 더 많다고요? 85 | 아침 사과는 보약, 저녁 사과는 독약이라고요? 86 | 비타민은 많이 먹을수록 몸에 좋다고요? 88 | 물보다 이온음료가 갈증해소에 더 좋다고요? 89 | 아침 냉수 한 잔은 최고의 보약이라고요? 91 | 무더운 여름에는 시원한 음식을 먹으라고요? 92 | 마가린이 버터보다 칼로리가 낮고 살도 덜 찐다고요? 94 | 초콜릿이 피로

회복에 좋다고요? 95 | 올리브유가 몸에 가장 좋은 기름이라고요? 96 | 한약 먹고 무를 먹으면 머리가 희어진다고요? 98 | 토마토에는 설탕을 뿌려서 먹어야 한다고요? 99 | 검은 빵이 흰 빵보다 더 몸에 좋다고요? 100 | 결명자를 먹으면 눈이 좋아진다고요? 102 | 영지버섯이 혈압을 낮춰 준다고요? 103 | 딱딱한 음식은 치아에 나쁘다고요? 104 | 위장병 환자는 죽만 먹어야 한다고요? 105 | 지네가 허리 아픈데 좋다고요? 106 | 개똥을 약으로 먹을 수 있다고요? 107

과학편

벌이 침을 쏜 뒤에는 죽는다고요? 109 | 벼룩에게도 간이 있다고요? 110 | 참새의 몸은 감전이 되지 않는다고요? 112 | 개가 가장 영리한 가축이라고요? 113 | 잠을 가장 많이 자는 동물이 돼지라고요? 114 | 하이에나는 썩은 고기만 먹는다고요? 116 | 낙타는 혹이 두 개라고요? 117 | 고래가 물을 내뿜는다고요? 118 | 하루살이는 하루밖에 안 산다고요? 119 | 타조는 대단한 잡식성으로 뭐든 먹어치운다고요? 120 | 개와 고양이는 원수지간이라고요? 121 | 모든 원숭이가 바나나를 좋아한다고요? 122 | 까마귀는 불길한 새라고요? 124 | 차가운 물이 뜨거운 물보다 더 빨리 언다고요? 125 | 펭귄은 남극에서만 산다고요? 126 | 종이로 만든 그릇으로 물을 끓이면 종이가 먼저 탄다고요? 128 | 단맛은 혀끝에서 느끼는 것이라고요? 129 | 명왕성은 항상 태양에서 가장 멀리 떨어져 있다고요? 130 | 삶은 달걀은 콜라병처럼 작은 병 속에 절대 들어갈 수 없다고요? 132 | 바닷물이 파란색이라고요? 133 | 남극 지방에는 꽃이 피지 않는다고요? 134 | 냉장고 문을 열어 두면 방 안의 온도가 내려간다고요? 136 | 사해에는 생물이 살지 않는다고요? 137 | 안개와 구름이 생기는 원인이 같다고요? 138 | 번개는 가장 높은 데서만 친다고요? 140

역사편

자유의 여신상이 뉴욕에 있다고요? 143 | 거북선이 철갑선이라고요? 144 | 갈릴레이가 피사의 사탑에서 물체의 낙하실험을 하였다고요? 146 | 뉴턴이 사과가 떨어지는 것을 보고 만유인력의 법칙을 발견하였다고요? 147 | 로빈슨 크루소는 소설 속의 인물이라고요? 148 | 흑인 노예의 주인은 대부분 유럽인이었다고요? 149 | 와트가 최초로 증기기관을 발명하였다고요? 150 | 타이타닉호가 역사상 최대의 선박 참사였다고요? 152 | 〈춘향전〉의 이몽룡은 소설 속의 인물이라고요? 153 | 가장 큰 피라미드는 이집트에 있다고요? 154 | 모스 전신기는 모스의 발명품이라고요? 156 | 미키 마우스는 월트 디즈니가 만들었다고요? 157 | 옛날 해적들은 해골이 그려진 깃발을 달았다고요? 158 | 클레오파트라가 빼어난 미인이었다고요? 160 | 레오나르도 다빈치가 자전거를 발명했다고요? 161 | 신데렐라가 유리 구두를 신었다고요? 162 | 미 독립선언일은 1776년 7월 4일이라고요? 163 | 아라비아 숫자는 아라비아에서 만들어졌다고요? 164 | 모차르트는 오스트리아 사람이었다고요? 166 | 아인슈타인이 상대성 이론으로 노벨상을 받았다고요? 167 | 네로 황제가 로마에 불을 질렀다고요? 168 | 고대 올림픽 경기는 아마추어 선수만 참가할 수 있었다고요? 169 | 네 잎 클로버는 나폴레옹이 발견한 뒤부터 행운의 상징이 되었다고요? 170 | 최초로 낙하산을 메고 뛰어내린 사람은 프랑스인이었다고요? 172 | 포석정은 놀이터였다고요? 173 | 황제라는 호칭을 쓴 사람은 고종 황제와 순종 황제뿐이었다고요? 174

인체편

1. 머리가 크면 영리해서 공부도 잘 한다고요?

인체

"머리가 크면 영리하다니까!"
"흥, 머리는 크다고 영리한 게 아냐! 머리는 자주 써야 영리해진다고!"
가끔 친구들과 이런 얘기를 나눠 본 적은 없나요?
머리가 작은 사람도 영리하고 공부 잘 하는 사람도 많은데,
왜 사람들은 머리가 크면 영리하다는 말들을 하는 걸까요?
머리가 크다는 것은 뇌가 크다는 얘기예요. 뇌는 우리가 생각하고,
말하고, 기억하고, 듣고, 볼 수 있는 신경 세포가 모여 있는 아주
중요한 곳이지요.
그럼 정말로 뇌가 크면 머리가 영리한 것일까요?
실제로 뇌의 크기를 재어보면, 남자의 뇌가 여자의 뇌보다 더 크고
무게도 많이 나간다고 해요. 하지만 남자의 뇌가 크고 무겁다고 해서,
여자보다 더 영리하다는 사람은 아무도 없을 거예요.
이처럼 뇌의 크기와 머리의 우수성과는
아무런 상관이 없어요. 머리는 크다고
영리한 것이 아니라, 쓰면 쓸수록
좋아지고, 안 쓰면 안 쓸수록 나빠지거든요.

| 인체 | 왼손잡이가 오른손잡이보다 머리가 더 좋다고요?

"왼손잡이라서 머리가 영리하다니까."
"천재는 모두 왼손잡이야."
왼쪽 손을 사용하는 사람들이 흔하지 않아서 일까요?
우리는 간혹 왼쪽 손을 사용하면 영리하다는 말들을 하지요.
왼쪽 손과 우리 뇌는 어떤 관계가 있기에 이런 말들이 생긴 걸까요?
뇌에는 대뇌와 소뇌가 있고, 기억과 학습 등의 신경 세포가 있다는
것쯤은 알고 있지요?
특히 전체 뇌의 80%를 차지하는 대뇌는, 왼쪽과 오른쪽 뇌로
나뉘어져 각기 다른 일을 하고 있답니다. 생각하고 계산하고
말하는 일을 하는 왼쪽 뇌는 우리 몸의 오른쪽에 영향을 주고 있고,
음악과 예술을 이해하는 일을 하는 오른쪽 뇌는 우리 몸의 왼쪽에
영향을 주고 있지요. 그래서 왼손을 자주 사용하면 오른쪽 뇌가
발달하고, 오른손을 자주 사용하면 왼쪽 뇌가 발달한다고 해요.
그럼 왼손을 사용하는 사람의 머리가 오른손을 사용하는 사람보다
좋다고 할 수 있을까요?
오른손만 사용하는 사람은 훌륭한 피아니스트가 될 수 없는 걸까요?

왼손을 사용한다고 해서 모두 영리하다고 할 수는 없어요.
실제로 오른손만 사용하는 사람도 영리한 사람은 얼마든지
있으니까요. 또한 오른손만 사용하는 사람도 연습을 열심히 해서
얼마든지 피아노를 잘 칠 수 있답니다.
왼손잡이들 중에 아인슈타인이나 베토벤 같은 천재들이 많기 때문에,
모든 왼손잡이가 천재라는 사실은 약간은 억지스러운 면이 있답니다.
더구나 왼손잡이라고해서 오른손은 전혀 사용하지 않고,
왼손만 사용하는 것은 아니거든요. 예컨대 왼쪽 손을 사용해서
머리가 좋아지는 것이 아니라, 왼손잡이들이 양쪽 손을 다 쓰기 때문에,
양쪽 뇌가 골고루 발달하기 때문은 아닐까요?

| 인체 | 3 방귀 냄새가 고약하거나 많이 뀌면 몸이 안 좋다는 증거라고요? |

"뽀오옹, 뽕!"
"우욱~ 고약한 냄새!"
방귀 하면 이런 생각이 먼저 떠오르지요?
방귀는 시도 때도 없이 아무 때나 나와서 간혹 우리를 난처하게
만들어요. 특히 수업 시간이나 밀폐된 공간에서 방귀를 뀌어 보세요.
많은 친구들이 방귀 뀐 사람에게 눈치를 팍팍 주잖아요.
게다가 방귀 냄새까지 고약하면 친구들은 아예 손가락질까지 하지요.
자신들은 생전 방귀도 뀌지 않는 것처럼 말이에요.

도대체 방귀가 무엇이기에, 이렇게 우리 체면을 팍팍 구기는 걸까요?
방귀는 우리가 마신 공기와 음식물이 분해되는 과정에서 만들어진
가스가 몸 밖으로 나오는 현상이에요.
그런데 신기하게도 어떤 때는 냄새가 고약하고 또 어떤 때는
거의 냄새가 없어요.
그것뿐만 아니라 한번도 방귀를 뀌지 않는 날도 있고,
유난히 방귀를 많이 뀐 날도 있어요.
이때 우리는 혹시 몸에 이상이 있어서 냄새도 지독하고
또 방귀를 많이 뀌는 게 아닌가 하고 의심될 때가 있지요.
하지만 방귀의 횟수와 냄새는 우리가 무엇을 먹었는가에 따라
결정되는 것이지 몸의 건강상태와는 별 상관이 없어요.
고기 같은 단백질이 많은 음식을 먹으면 냄새가 지독해지고,
섬유질이 많이 든 채소류를 먹으면 냄새가 나지 않거든요.
더구나 우리는 보통 하루에 13~15번 정도 방귀를 뀐다고 해요.
그렇게 많이 뀐 것 같지 않다고요?
방귀는 소리 없이 나오기도 하고 또 자신도 모르게 뀌는 방귀도
있기 때문에 평상시에 잘 느끼지 못할 뿐이에요.
더구나 방귀는 참으면 혈액 속으로 흡수가 되어 우리 몸의
저항력을 떨어뜨릴 수도 있다고 하네요.
그러니 이제 방귀 냄새나 횟수로 너무 걱정하거나 부끄럽게
생각하지 말기로 해요.

인체

안경을 쓰면 시력이 더 나빠진다고요?

"안경을 한번 쓰기 시작하면 눈이 계속 나빠져!"
"맞아! 안경을 쓰지 않고 눈이 좋아지는 방법 좀 없을까?"
이렇게 사람들은 안경을 쓰면 시력이 더 나빠진다는 편견을 가지고 있어요.
그래서 시력이 나빠도 일상생활을 하는데 특별히 불편하지 않으면 안경 쓰는 것을 꺼려하고 있지요.
그렇다면 정말로 안경을 쓰면 눈이 나빠지는 걸까요?
근시의 경우, 먼 곳의 물체가 잘 보이지 않지요?
이것은 먼 곳의 물체의 상이 우리 눈의 망막에 맺히지 않고, 망막 앞에서 상이 맺히기 때문이에요.
이때 안경을 써 주면 물체의 상을 망막에 맺히게 해 주어 먼 곳의 물체도 잘 볼 수 있게 해 주어요.
안경은 물체의 상을 망막에 맺히게 해 주는 도구인 셈이지요.
안경을 쓰는 것은 단지 우리가 추울 때 장갑을 끼는 것과 같아요.

5

TV를 가까이 보거나 컴퓨터를 오래 하면 시력이 나빠진다고요?

인체

"TV를 너무 가까이 보면 눈이 나빠진다니까."
"컴퓨터 게임도 오래 하면 눈 나빠져!"
부모님께 이런 말을 들은 적이 있나요?
대부분의 경우 TV를 가까이 봐서 눈이 나빠지는 것이 아니라, 멀리서는 잘 보이지 않기 때문에 가까이에서 TV를 보는 것이라고 해요. 그래서 이런 아이들의 시력을 재보면, 근시로 나오는 경우가 많다고 해요.

흔히 TV와 마찬가지로 컴퓨터 게임을 오래 해도 눈이 나빠진다는 애기를 하지요?

이 또한 너무 걱정할 일은 아니라고 해요. 컴퓨터를 사용한다고 해서 눈이 나빠지는 것은 아니니까요.

하지만 오랫동안 컴퓨터 화면을 쳐다보고 있으면, 눈이 피곤하고 또 목과 어깨에 통증이 올 수 있어요. 그러니 이제부터는 컴퓨터를 할 때, 1시간에 10분 정도 휴식 시간을 갖기로 해요.

젖니는 어차피 빠질 치아이므로 치료할 필요가 없다고요?

"저런! 충치가 생겼네! 어서 치과에 가야겠다."
"어차피 빠질 건데 치료할 필요가 뭐 있어요?"
젖니란 영구치가 나오기 전의 치아, 즉 어릴 적의 치아를 말해요.
영구치란 우리가 평생을 써야 할 치아를 말하는 것이고요.
그런데 왜 젖니가 빠지고 영구치가 나오는 것일까요?
치아는 음식을 씹어서 소화를 돕게 하고, 또 정확한 발음을 하기 위해서도 필요해요.
치아가 없다면 우리는 음식을 씹어 삼키기도 어렵고, 발음이 확실하지 않아 서로의 말을 쉽게 알아듣지도 못할 거예요.
이처럼 치아는 우리에게 있어 아주 중요한 것이지요. 그래서 어릴 적의 치아가 빠지고 좀더 튼튼한 치아가 나오는 것이에요.
젖니는, 사람마다 조금씩 차이를

보이기는 하지만, 6세가 지나면 빠지기 시작해서 영구치가
하나 둘 나오게 되지요.
그런데 우리는 보통 젖니는 곧 빠질 치아라고 생각하고 치료를
안 하는 경우가 있어요.
하지만 젖니가 썩거나 손상되었을 때에는 즉시 치아를 치료해
주어야 해요. 젖니는 영구치가 나올 자리를 미리 확보해 주고,
또 제대로 나올 수 있도록 길을 만들어 주지요.
그런데 젖니가 썩는다면 어떻게 될까요?
젖니가 일찍 빠지게 되면,
음식물을 대충 씹어 삼키기 때문에 소화 기관에 무리를 줄 수도 있고,
빠진 이 때문에 말의 발음이 정확하지 않게 될 수도 있고,
또 충치의 염증이 치아의 뿌리에까지 번져 평생을 써야 하는
영구치가 제대로 나오지 못하는 경우가 많아요.

젖니도 건강하게 관리해야 영구치가
바르고 예쁘게 나올 수 있다는 사실,
잊지 마세요~!

어린 젖니들은 그냥 무시해도 돼.

7. 코피가 날 때는 머리를 뒤로 젖히라고요?

인체

갑자기 쏟아지는 코피는 사람들을
참 당황스럽게 하지요?
"코피가 날 때는 머리를 뒤로 젖히고 콧잔등을
눌러 줘야 빨리 멈춘다니까."
사람들은 코피가 났을 때 이런 말들을 해요.
그리고는 빨리 코피를 멈추게 하는 응급 처치법으로
코를 휴지로 막은 다음, 머리를 뒤로 젖히고 이마를
토닥여 주거나 콧잔등을 눌러 주지요.
하지만 위와 같은 방법은 대단히 잘못된 것이라고 해요.
코피는 코뼈와 얼굴뼈로 싸여있는 콧속의 혈관에서 터져 나오기
때문에 콧등을 눌러 준다고 해서 피가 멈추지는 않거든요.
더구나 머리를 뒤로 젖히면 코 뒤로 코피가 흘러 입으로 나오거나,
때로는 숨쉬는 기도를 막아 폐렴을 일으키거나,
위장으로 흘러 들어가 위장장애를 일으킬 수 있어요.
그러므로 코피가 날 때는 코를 휴지로 막은 다음 머리를 약간 앞으로
숙이고, 콧등 아래쪽의 연골부위(콧방울)를 잠시 눌러 주는 것이 좋아요.

8 축농증이 있으면 머리가 나빠진다고요?

인체

"축농증에 걸리면 머리가 나빠진다는데 어쩌죠?"
이렇게 우리는 축농증이 걸리면 머리가 나빠진다고 알고 있어요.
그런데 이것은 잘못된 상식이라고 해요.
축농증은 얼굴뼈 안에 있는 빈 공간인 부비동에 생긴 염증이에요.
감기나 알레르기성 비염에 걸리면
콧속 부비동의 점막이 부으면서 분비물이 증가해요.
이때 세균들이 분비물을 먹으러 모여들게 되고 이것이 고름 콧물로
고이게 되지요.
그럼 정말로 축농증에 걸리면 머리가 나빠지는 걸까요?
축농증 치료를 제대로 하지 않으면 여러 질병에 걸릴 수는 있지만
그렇다고 머리가 나빠지는 것은 아니에요.
단지 축농증이 생기면 머리도 함께 아파오기 때문에
집중력과 학습 능률이 떨어질 수는 있어요.
하지만 치료를 잘 받으면 두통이 금세 사라지기 때문에
그렇게 걱정할 필요는 없다고 해요.

9. 지능이 낮을수록 최면에 잘 걸린다고요?

인체

여러분은 TV에서 최면술사가 촛불을 들고 눈앞에서 왔다 갔다
몇 번 하니까 순식간에 최면에 빠지는 모습을 본 적이 있지요?
심지어 최면으로 멀리 있는 물건을 맞추기도 하고, 야뇨증을 고치기도
하고, 집중력을 높이기도 한다는 얘기를 들으면 정말 신기하기까지 해요.
그런데 최면은 누구나 다 잘 걸리는 것은 아니라고 해요.
최면에 쉽게 빠져 드는 사람도 있지만,
여간해서 최면에 걸리지 않는 사람도 많대요.
그래서인지 사람들은,
"최면에 잘 걸리는 사람은 틀림없이 머리가 나쁜 사람일 거야."
라는 말을 곧잘 해요.
그런데 최면이 어떻게 걸리는 지를 알면 곧 그 말이 잘못된 말이라는
것을 금세 눈치 챌 수 있을 거예요.
최면이 잘 걸린다는 것은 집중력도 강하고, 감수성과 암시가
뛰어나다는 소리거든요.
다시 말해 지능이 높은 사람이 최면에 가장 잘 걸릴 수 있는 것이지요.

10 팔을 많이 사용하면 팔이 굵어진다고요?

인체

"처녀 적에는 이러지 않았는데, 아기를 많이 안아 줘서 팔뚝이 굵어졌다니까."
"집안일을 너무 많이 해서 팔에 근육이 생겼어."
엄마들은 가끔 이런 소리를 해요.
젊을 때는 팔뚝이 굵지 않았는데, 아이를 낳아서 자주 안아 주다 보니까 팔의 근육이 늘어나 굵어졌다는 얘기이지요.
집안일이나 아기를 안아 주는 일을 자주해서 팔이 굵어졌다면, 건강미를 상징하는, 툭툭 불거진 알통도 쉽게 만들 수 있겠다고요?
그런데 우리 몸의 근육은 운동선수들처럼 하루 종일 근육을 키우기 위해 꾸준히 운동을 하면 모를까, 보통 사람들이 쓰는 정도 가지고는 굵어지지 않는다고 해요.
엄마들이 하는 집안일 정도 가지고는 근육이 굵어지지 않는다는 소리지요. 팔뚝이 굵어지는 것은 나이가 들면서 몸 안의 지방이 잘 분해되지 않고 계속 축적이 되기 때문에 굵어지는 것이거든요.

11 인체

손톱이 죽은 뒤에도 계속 자란다고요?

전 세계적으로 알려져 있는 속설 중의 하나가
죽은 뒤에도 손톱이 계속 자란다는 것이지요?
손톱은 손가락에 상처가 나지 않도록 보호해 주는 피부 조직으로
손가락 끝에 자리하고 있어요. 성별과 연령에 따라 조금씩 차이가
있지만, 손톱은 하루에 0.1밀리미터 정도 자라고 있기 때문에 계속
잘라 주어야 해요.
그런데 손톱은 잘라도 아프지가 않지요?
이것은 겉으로 보이는 부위가 모두 죽은 조직으로 되어 있기 때문이에요.
손톱의 뿌리 부분은 피부 깊숙이 들어가 있으면서 계속해서
새로운 세포를 만들어 내며 죽은 세포를 밖으로 밀어내는데
이것이 단단하게 굳어져 만들어진 것이에요.
그럼 사람이 죽게 되면 어떻게 될까요?
사람이 죽으면 심장이 멎는 것이기 때문에 당연히 세포의 활동이
완전히 멈추게 되요.
그러면 영양분을 제대로 공급받지 못하기 때문에 손톱도 자랄 수가
없게 되는 거예요.

그런데 왜 이런 속설이 전해져 내려오게 된 것일까요?
아마도 그것은 사람이 죽으면 피부가 건조해지는데
이때 피부가 오그라들면서 피부 속의 손톱이 더 길게 드러나기
때문에 자란 것처럼 보였던 것은 아닐까요?
머리카락 역시 죽은 뒤에도 계속 자란다는 속설이 전해져 오는데
이것 역시 틀린 말이에요.
보통 머리카락은 하루에 0.2~0.3밀리미터 정도 자라고 있는데,
손톱과 마찬가지로 겉으로 보이는 부분은 죽은 세포예요.
그래서 머리카락을 일부러 잡아당기지
않는 한 아픔을 느낄 수가 없지요.

16 인체 — 흰머리는 뽑을수록 더 많이 난다고요?

"민우야, 아빠 흰머리 좀 뽑아 주렴."
"흰머리는 하나를 뽑으면 두 개가 난다고 하던 걸요?"
부모님으로부터 흰머리를 뽑아 달라는 말을 들은 적이 있나요?
얼마 전까지만 해도 보일 듯 말 듯 보이던 아빠의 흰머리가
어느 날 갑자기 많아진 것 같다고요?
시간이 지날수록 흰머리가 많아 보여서인지
흰머리는 뽑으면 뽑을수록 더 많이 난다고 자연스럽게 알려져 있지요.
정말로 흰머리가 뽑을수록 더 많이 나는 걸까요?
그런데 머리카락에 대해 조금만 생각해 보면
이 말이 틀렸다는 것을 눈치 챌 수 있을 거예요.
머리카락은 모근에서 만들어져요.
모근에는 검은색을 만드는 멜라닌 세포가 색소를 만들어
머리카락으로 보내 주지요.
이때 멜라닌이 많으면 많을수록 검은색이 되고, 적으면 갈색이 되어요.
그래서 우리 한국인의 머리카락이 검은색이나 검은색에 가까운
갈색을 띠는 것이에요.

그런데 나이가 들면 이 멜라닌 세포의 기능이 점점 떨어지게 되요.
그러면 머리카락의 색이 점점 옅어지게 되고,
멜라닌 색소를 전혀 만들어 내지 못하게 되면 머리카락이
하얗게 되는 거예요.
그럼 흰머리를 뽑으면 어떻게 될까요?
흰머리를 한 개 뽑는다고 해서 두 개의 흰머리가 나올 확률은 전혀 없어요.
흰머리의 모근 또한 한 개이기 때문에
한 개의 모근에서 한 개의 머리카락만이 나올 수 있거든요.
고로 흰머리를 뽑을수록 더 많이 난다는 것은 잘못된 말이에요.
즉, 흰머리는 뽑는다고 해서 더 많이 나는 것이
아니라 나이가 들수록 멜라닌 색소의 활동이
점점 떨어지기 때문에 다른
검은 머리카락도 점점
흰머리가 되는 것이에요.

17

인체

도둑은 발이 크다고요?

"도둑놈처럼 발만 크구나!"
이런 말을 들어본 적이 있나요? 발이 큰 사람이 도둑이라니, 이게 무슨 말인가요?
도둑이라고 해서 보통 사람보다 발이 크다는 법은 없을 텐데 도대체 왜 이런 말이 생겼을까요?
옛부터 전해 내려오는 속담 중에는 "머리가 크면 장군이요, 발이 크면 도둑이다."라는 말이 있어요.
장군은 무거운 투구를 쓰기 때문에 머리가 크고, 도둑놈은 도망을 다니기 때문에 발이 크면 도망가기에도 좋을 것이라는 뜻에서 이런 속담이 생긴 거지요.
이제 '발이 크다고 해서 모두 도둑이다'라는 뜻으로는 생각하지 마세요.
도둑이 보통 사람보다 발이 크다는 것도 확인된 바 없고, 또 발이 크다고 해서 도둑이 되는 것은 아니니까요.

18 손이 큰 아이가 키도 크다고요?

인체

"손이 늘씬늘씬 해서 키가 쑥쑥 크겠는 걸!"
"고사리 손이라 키도 안 크겠는 걸."
어른들이 가끔 이런 말들을 하시지요?
하지만 어렸을 때 손이 크다고 해서 반드시 나중에 키가 큰 것은 아니에요.
보통 생각하기에 몸의 일부분만 커지는 것은 아니기 때문에
키가 큰 사람이 손이 클 가능성이 크다고 생각들을 하지만,
키가 큰 사람 중에서도 손이 작은 사람도 있고,
손은 크지만 키는 상대적으로 작은 사람이 있는 걸 보면
손이 크다고 해서 꼭 키가 큰 것은 아니에요.
키가 크기 위해서는 음식을 가리지 말고 골고루 먹고,
운동도 열심히 해야 해요.
또한 밤늦게 TV를 보는 것도 좋지 않아요.
우리가 잠자는 사이에 키를 자라게 하는 성장 호르몬이 쑥쑥 나오거든요.

인체

몰래 숨어서 먹으면 딸꾹질이 난다고요?

"딸꾹, 딸꾹!"
"너, 맛있는 거 몰래 먹었구나!"
딸꾹질을 하면 이런 놀림을 당하지요?
딸꾹질은 한번 하게 되면 여간해서 멈추지 않아요.
그래서 딸꾹질을 하는 사람은 보통 괴로운 일이 아니지요.
정말 몰래 숨어서 음식을 먹으면 딸꾹질이 생기는 걸까요?
우리 몸속에는 가슴과 배 사이에 횡격막이라는 가로막이 있어요.
횡격막은 우리가 숨을 쉴 수 있도록 도와주는 것으로
아주 튼튼한 근육으로 되어 있지요.
그런데 횡격막은 긴장을 하거나, 추운 곳에 오래 있거나,
씹지 않고 급하게 음식을 먹거나, 너무 차거나 매운 것을 먹는 등의
자극을 받게 되면 횡격막이 갑자기 수축하면서 소리가 터져 나와요.
이것을 딸꾹질이라고 해요.
이제 딸꾹질이 몰래 숨어서 음식을 먹어서 나오는 게 아니라
갑작스런 자극에 의해 나는 소리라는 거 잘 아셨지요?

21 갑자기 놀라게 하면 딸꾹질이 멎는다고요?

인체

딸꾹질을 하면 정말 참기 힘들지요?
그래서 우리는 보통 딸꾹질이 나오면 깜짝 놀래 주면 멈춘다고 알고 있어요. 하지만 갑자기 깜짝 놀래 주는 것은 심장이 약한 사람이나 어린이의 경우에는 위험할 수 있다고 해요.
딸꾹질이 나올 때는 이렇게 해 보세요.

22 인체

귀지를 파내지 않으면 귓속이 막힌다고요?

> 어, 뭐라구?

> 이리 와, 귀지 좀 파자!

"귀지를 파내지 않으면 중이염이 생길 수도 있어."
"맞아! 귀지가 귓속을 꽉 막으면 소리까지 안 들릴 수 있대."
귀지는 귓구멍의 때와 먼지 등이 뭉쳐서 만들어져요.
그래서인지 우리는 귀지를 지저분하다고 느끼는 경우가 많아요.
하지만 귀지는 우리 몸을 지켜 주는 아주 중요한 역할을 하고 있어요.
귀지에는 단백질을 분해하는 효소와 지방이 있어서 세균이 자라지
못하게 하고, 또 피부 표면이 마르지 않게 해 주거든요.
그럼 귀지는 어떻게 만들어지는 것일까요?
귀의 입구에는 외이도가 있는데, 이 외이도에서 귀지가 만들어져요.
외이도에는 귀지를 만들어 내는 분비샘이 있는데 먼지나,
귓구멍 안의 때 등이 고막으로 들어가지 못하도록 붙잡는다고 해요.
이 과정에서 먼지와 각종 분비물들이 합해져 귀지가 생기는 거예요.
계속 귀지들이 만들어지다 보면 귓구멍이 막히는 건 아니냐고요?
신기하게도 귀지는 저절로 귀 밖으로 밀려 나오기 때문에
특별한 경우를 빼고는 귀가 막히지 않는다고 해요.
그러니 귀 후비개로 귀지를 일부러 파낼 필요는 없어요.

23 산보다 해변에서 살이 더 잘 탄다고요?

인체

"해변에서는 살이 까맣게 타지만, 산에서는 살이 잘 타지 않아."
"천만의 말씀! 산에서도 살이 탄다니까."
무더운 여름날, 여러분은 해변이나 바닷가에서 까맣게 살이 그을린 적이 있을 거예요. 심한 경우에는, 햇볕에 그을린 부위가 따갑고 쓰라리면서 아프기까지 하지요. 그런데 우리는 산에서는 살이 타지 않을 거라고 생각을 해요. 아마도 나무가 만드는 그늘과 시원한 바람 때문에 그런 생각을 하는 것 같아요.
하지만 산에서도 해변에서와 마찬가지로 살이 까맣게 탄답니다.
살이 검게 타는 것은 멜라닌이라는 색소 때문이거든요.
우리 피부는 자외선이 들어오지 못하도록 멜라닌이라는 색소를 만들어 내요. 그런데 자외선은 태양에 가까운 곳일수록 강하답니다.
또한 자외선은 공기 중의 먼지나 매연 등에 흡수가 되기 때문에 도시보다는 농촌에 많다고 해요.
그럼 자외선은 겨울에는 안전할까요?
자외선은 계절과도 상관이 없어요.
봄에도 살이 까맣게 타는 이유가 바로 여기에 있지요.

24 인체

때는 밀어도 계속 나온다고요?

"엄마, 살살 좀 미세요."
"어제 목욕 했는데 무슨 때가 이렇게 계속 나오니?"
 어제도 그제도 매일매일 샤워를 하는 데도 때가 계속 나오지요?
정말로 때는 밀면 밀수록 계속 나오는 걸까요?
우리가 '때'라고 부르는 것은 각질이 되어 벗겨지는 죽은 세포예요.
우리 몸의 피부는 표피, 진피, 지방 조직의 세포층으로 만들어져
있어요.
그 가장 아래쪽에 있는 진피층에서는 계속해서 새로운 세포가
만들어지고 있지요.
이때 새로 만들어진 세포가 표피 위쪽으로 쑥쑥 올라오게 돼요.
그러면 표피 위로 올라온 세포는 더 이상 살지 못하고 죽고 말지요.
이때 표피 밖으로 밀려 나온 죽은 세포는 각질이 되는데
이것이 바로 우리가 '때'라고 부르는 것이에요.
살아있는 한 세포는 계속 생기기 때문에 때도 계속해서 생겨나는
거예요. 그렇다면 목욕탕에서 때수건으로 피부를 계속 밀면
계속해서 때가 나올까요?

피부를 계속 민다고 해서 때가 계속 나오는 것은 아니에요.
각질 아래에는 연한 피부가 있기 때문에
계속해서 밀다가는 잘못해서 피부가 상할 수도 있어요.
이제, 때가 나온다고 해서 계속 미는 것은 건강에 좋지 않다는
거 아셨죠?

잠이 모자라면 하품이 나온다고요?

"아함, 졸려!"
"너, 어젯밤 잠 못 잤구나!"
무심코 하품을 했을 때 사람들은 이런 말들을 해요.
하품이란 입을 크게 벌리고 숨을 길고 깊게 들이마신 뒤, 천천히 내뱉는 것을 말해요.
보통, 졸리거나 잠들기 전, 지루하거나 피곤할 때 우리는 하품을 하지요. 하품을 하면 어떻게 되나요?
입을 크게 벌리면서 들이마시는 호흡 시간이 길고 턱에 힘이 들어가게 되지요?
그러면 우리 몸은 많은 양의 산소를 들이마시게 되고 이산화탄소는 몸 밖으로 내보내게 되지요.
따라서 하품은 잠이 모자라서 하는 것이라기보다는 긴장을 풀게 하거나 잠을 자도록 준비하는 것이라고 말하는 것이 정확하답니다.

26. 털이 많은 사람은 힘이 세다고요?

인체

"와, 저 가슴의 털 좀 봐! 저 사람은 틀림없이 장사일 거야!"
우리는 가슴에 털이 부슬부슬 나 있는 사람을 보면
'힘센 사람'일 것이라는 생각이 먼저 들어요.
왠지 몸에 털이 많은 사람은 힘도 셀 것 같은 느낌이 들거든요.
하지만 이 같은 말 역시 잘못된 것이라고 해요.
털에서 힘이 나온다는 말은 전혀 근거가 없는 이야기거든요.
우리 몸의 털은 충격과 마찰로부터 우리 몸을 보호하고,
체온을 조절하는 일을 해요. 다시 말해 털은 힘을 쓰는
데는 그 어떤 역할도 하지 않아요.
그런데 왜 이런 말이 생겨나게 된 것일까요?
이것은 '삼손'의 이야기에서 유래되었다고
해요. 삼손은 구약성서에 나오는 이스라엘의
장수로 괴력의 사나이였는데, 그 초인적인 힘이
바로 머리카락에서 나왔대요.
그래서 사람들은 힘이 센 사람은 털도 많을
것이라는 생각을 하게 된 것이지요.

아이고, 무거워라!

인체

27 이가 없으면 잇몸으로 산다고요?

"이가 없으면 잇몸으로 살아야지, 뭐!"
흔히들 이런 말들을 하지요?
치아는 우리가 살아가는 데 아주 중요한 역할을 해요.
치아가 없으면 필요한 영양분을 얻을 수 없거든요.
하지만 이가 없어도 잇몸으로 씹으면 된다고요?
그런데 이거 아시나요?
잇몸으로는 음식을 씹을 수 없다는 것을요!
그럼 죽을 먹으면 된다고요?
물론 죽을 먹어도 살 수는 있겠지만
죽만으로는 우리 몸에서 필요한 영양분을 골고루 섭취하기가 힘들 거예요. 게다가 치아는 음식물을 씹어 영양분을 섭취하는 일 외에도 발음을 분명히 할 수 있게 도와주거든요.
또 음식을 씹는 행동 자체가 두뇌 활동에도 좋은 영향을 준대요.
그러니 이제 이가 없으면 잇몸으로 산다는 소리가 틀린 말이라는 거 아시겠지요?

28

아기가 빨리 걷거나 많이 업어 주면 다리가 휜다고요?

인체

"걸음마를 일찍 시작하면 다리가 휜대."
"많이 업어 줘도 안짱다리(두 발끝이 안쪽으로 향한 다리, 휜 다리)가 된다고 하던데?"
아기들이 걸음마를 시작할 무렵, 엄마들은 이런 걱정들을 먼저 하지요. 하지만 아기가 걷기 위해서는 허리도 가눌 수 있어야 하고 다리 근육도 어느 정도 발달해야 해요. 다시 말해 아기가 빨리 걸음마를 시작했다는 것은 자신의 힘으로 어느 정도 몸을 가눌 수 있고 근육도 발달했다고 볼 수 있어요.
따라서 다른 아기들보다 걸음마를 일찍 시작했다고 해서 다리가 휘지는 않아요. 아기들은 걷다가도 조금 힘들면 곧바로 주저앉거든요.
하지만 부모의 욕심으로 아직 일어설 준비가 안 된 아기에게 무리하게 걸음마를 시키는 것은 좋지 않아요. 또한 업어 주면 다리가 휜다는 얘기도 하는데, 이 역시 많이 업어 준다고 해서 다리가 휘지는 않아요. 휜 다리는 선천적인 경우가 많다고 해요.

29

인체

남자의 갈비뼈가 여자보다 하나 적다고요?

"엄마, 정말로 남자의 갈비뼈가 하나 적어요?"
"무슨 그런 소리가 있어? 남자나 여자나 갈비뼈 수는 똑같아."
"하지만 남자의 갈비뼈로 여자를 만들었기 때문에
한 개 적다고 하던데요?"
우리가 갈비뼈라고 말하는 것은 바로 '늑골'이에요.
사람의 갈비뼈는 가늘고 길며 활 모양으로 구부러져 있어요.
갈비뼈는 가슴속의 심장과 허파를 보호하는 아주 중요한 뼈이지요.
그런데 이 중요한 뼈가 남자가 하나 적다고 쉽게 말하지요?
하지만 사실은 남자와 여자의 갈비뼈 수는 똑같답니다.
좌우에 각각 열두 개씩 24개의 뼈로 되어 있지요.
그런데 남자와 여자의 갈비뼈 수가 다르다니요?
많은 사람들이 남자의 갈비뼈를 하나 떼어 여자를 만들었다는
성서의 이야기 때문에 이런 말들을 하는데,
이것은 남자에게 있어 여자가 아주 중요한 존재라는 것을
의미하는 말은 아닐까요?

30 남자와 여자는 맹장의 위치가 다르다고요?

인체

우리가 음식을 먹으면 식도와 위를 거쳐 소장에서 대장으로 넘어가지요? 맹장은 약 5~6센티미터의 길이로 소장에서 대장으로 가는 길에 위치하고 있어요. 우리가 흔히 맹장염이라고 하는 것은 맹장에 염증이 생긴 것이 아니고 사실은 맹장의 끝 부분에 있는 충수라는 기관에 염증이 생긴 거래요.
정확하게 말하자면 맹장염이 아니라 충수염이 되는 거지요.
"왼쪽배가 아픈데 아무래도 맹장염인 거 같아요."
"맹장은 오른쪽에 있는데요?"
"하지만 남자의 맹장은 오른쪽에 있지만 여자의 맹장은 왼쪽에 있다던데."
그런데 대부분의 사람들은 아랫배가 아파 맹장염이 의심되면 이와 같은 말을 해요. 맹장의 위치가 남자와 여자가 다르다고 알고 있는 거지요. 하지만 사실은 남자나 여자나 모두 오른쪽에 맹장이 있어요. 인간의 몸은 생식기를 제외하고는 남자와 여자 모두 같은 구조로 되어 있거든요. 다만 아주 아주 드물게 맹장이 왼쪽에 있는 사람도 있다고 해요.

인체

남자에게만 목젖이 있다고요?

"목젖은 왜 남자에게만 있나요?"
"그건 아담의 목에 사과가 걸려 남자의 목젖만 튀어나오게 되었거든."
여러분은 이런 이야기를 들은 적이 있나요?
자, 그럼 엄마와 아빠의 목을 비교해 보세요.
아빠의 목에는 살구씨 만한 것이 튀어나와 있지요?
반면에 엄마의 목은 튀어나온 부분이 없어요.
아빠의 목에 툭 튀어나온 것을 목젖이라고 해요.
목젖은 성대가 붙어있는 중요한 부분이지요.
이렇게 겉으로 보기에는 남자에게만 목젖이 있는 것처럼 보이지만
사실은 남자나 여자 모두에게 목젖이 있어요.
단지 남자의 성대 길이가 두껍고 길어, 목젖이 툭 튀어나와 보이는
것이죠. 성대는 목소리를 만들어 내는 기관으로 자라면서 길어지거든요.
그래서 어렸을 때는 남자나 여자나 거의 목젖이 만져지지 않아요.
하지만 사춘기가 되면 남자의 성대가 갑자기 두껍고 길어져
툭 튀어나와 보이는 것이에요.
성대의 길이는 짧으면 높은 소리를 내고, 길어질수록 낮은 소리를 내요.

그래서 이때부터 남자의 목소리가 걸걸해지고 낮아지는 것이에요.
여자의 경우는 사춘기가 지나도 성대의 길이가 길어지지 않아요.
그래서 겉으로 봐서는 목젖이 없는 걸로 보이는 거예요.
여자가 남자보다 높은 소리를 잘 내지요?
이것은 여자의 성대 길이가 남자보다 짧기 때문이에요.

건강편

벌레 물린 데 침을 바르면 낫는다고요?

건강

"앗, 따가워!"

모기나 벌레 물렸을 때 정말 가렵고 따갑지요? 이때 사람들은 벌레 물린 데 침을 바르는 경우가 있어요. 침을 바르면 벌레 물린 자리가 가렵지도 않고 상처가 빨리 낫는다는 믿음에서 이지요. 하지만 실제로 침을 바르면 시원한 느낌이 들기는 하지만 아무런 효과도 없다고 해요.

침은 소화를 돕는 효소로, 90퍼센트의 물과 유기 물질, 무기 물질로 이루어져 있어요. 물론 침 속에는 항균 작용을 하는 단백질이 아주 조금 포함되어 있기는 해요. 하지만 이 단백질의 양이 너무 적기 때문에 아무런 효과도 볼 수 없다고 해요. 반면, 침 속에는 1밀리리터 당 약 1억 마리의 세균이 들어있어요. 무작정 침을 발랐다가는 상처가 덧날 위험이 크겠지요?

자, 이제 벌레에 물렸을 때는 침은 절대 바르지 말고 묽은 암모니아수를 바르도록 해야겠어요.

건강
2 다리에 쥐가 났을 때 침을 바르면 낫는다고요?

"엄마, 발에 쥐가 난 거 같아요!"
"그럼, 얼른 코에 침을 발라 봐!"
쥐가 나는 것은 갑자기 다리의 근육이 수축하여 마비 증세가 나는 것을 말해요. 보통 수영장에서 준비 운동을 하지 않고 물에 뛰어들었거나, 하루 종일 심하게 운동을 했거나, 땀을 심하게 흘렸을 때 쥐가 난다고 알려져 있어요.
그런데 쥐가 나면 코에 침을 바르면 낫는다는 황당한 말이 있어요.
침을 바르면 갑자기 수축한 근육이 늘어나기라도 한다는 말일까요?
쥐가 났을 때 침을 바르는 것은 아무런 효과도 없어요.
이럴 때는 쥐가 난 부위를 잘 주물러 수축한 근육을 펴 주도록 해야 해요.
쥐가 난 부분의 근육을 반대편으로 당겨 주는 것이지요.
이때 쥐가 나서 너무 아프면 당황하지 말고
주변에 있는 사람에게 도움을 청하도록 하세요.

3

눈병은 쳐다만 봐도 옮는다고요?

건강

"요즘 눈병이 유행이래. 눈병은 쳐다만 봐도 옮는다던데?"
"맞아. 눈병은 공기를 통해서도 옮는다면서?"
친구들 사이에서 눈병 때문에 이런 이야기를 하지는 않나요?
눈병은 특히 전염성이 강해서 누군가 눈병에 걸리면 순식간에 짝은
물론 반 친구들, 학교 친구들까지 눈병에 걸리게 되는 경우가 많아요.
눈병에 걸리면 눈곱의 양이 많아지면서 눈이 충혈되며 아프기까지 해요.
그런데 정말 눈병 걸린 사람의 눈을 쳐다보면 눈병이 걸리는 걸까요?
걱정스럽다고요? 하지만 너무 걱정하지 마세요.
눈병은 공기를 통해서는 전염이 되지 않거든요.
만약 눈병에 걸린 사람을 쳐다보기만 해도 병에 걸린다면 병원의
의사들과 간호사들은 모두 눈병에 걸려야 하겠지요? 하지만 어떤가요?
눈병에 걸린 사람을 매일 보는 의사와 간호사들은 눈병에 걸리지 않잖아요.
눈병은 바이러스가 직접 눈에 들어가야 옮는 거예요. 말하자면,
아무리 눈병이 유행하더라도 손을 잘 씻고, 눈을 비비지만 않는다면
눈병에 걸리지 않는다는 얘기이지요.

건강 | 피부병이 있을 때 소금물로 씻으면 좋다고요?

소금은 바닷물을 증발시켜 만든 것으로 짠맛이 나는 물질이에요.
음식의 간을 맞추고, 부패하기 쉬운 생선 같은 것을 소금에 절여
보관하는 등 소금은 우리 생활에서 아주 중요한 물질이지요.
그래서인지 '피부병이 있을 때는 소금물로 씻으면 좋다.'라는
말이 있어요.
하지만 이것은 잘못된 상식이에요.
소금이 살균 작용과 해독 작용을 하기는 하지만,
피부의 수분을 빼앗아가기 때문에
피부가 건조한 경우는 피부를 더욱 더 건조하게 만들어
피부병을 더 심하게 할 수도 있거든요.
그러므로 피부에 이상이 있을 경우에는
무턱대고 소금물부터 바르지 말고
병원을 방문하여 정확한 검사를 받고 치료를 받아야겠어요.

5. 시력이 나쁘면 눈곱이 많이 낀다고요?

건강

아침에 일어나면 우리 눈에 눈곱이 끼어요.
고름처럼 생긴 눈곱은 냄새는 나지 않지만 조금 지저분해 보이지요.
그래서 세수를 안 하고 학교에 가면 친구들이 '눈곱에 발등 찍히겠다'
라고 놀리기도 해요. 이렇게 보통 사람들 눈에도 눈곱은 끼는데
많은 사람들이 '시력이 나쁘면 눈곱이 더 낀다'라고 알고 있어요.
정말 그럴까요? 시력이 나쁘다고 눈곱이 반드시 더 끼는 것은 아니에요.
우리 눈을 보호하는 것은 약간의 눈물과 지방 그리고 점액이에요.
이것들은 눈으로 들어오는 나쁜 균을 눈 밖으로 내보내 눈이
건조해지지 않게 만들지요. 하지만 잠이 들면 눈물이 나오지 않기
때문에 지방과 점액이 눈 가장자리에 남게
되는데 이것이 바로 눈곱이에요.
다시 말해 시력이 나쁘다고 눈곱이 끼는
것은 아니라는 얘기이지요.
하지만 눈곱이 생기는 양을 보고
눈의 건강 상태는 알 수 있대요.
감기나 알레르기의 경우에도 눈곱이 잘 끼거든요.

| 건강 | ## 6 날씨가 추우면 감기에 걸린다고요? |

한번 감기에 걸리면 고생이 이만저만이 아니지요?
그런데 날씨가 추우면 감기에 걸린다고들 해요.
여름에도 감기에 걸리는 걸 보면 틀린 말 같기도 하고, 겨울에 감기에
주로 걸리는 걸 보면 맞는 말 같기도 하고, 정말 헷갈리지요?
정확하게 말해 날이 춥다고 해서 감기에 걸리는 것은 아니에요.
감기는 바이러스의 감염에 의해 걸리거든요.
다시 말해 아무리 날이 추워도 감기 바이러스가 없으면 감기에
걸리지 않는 것이고, 날이 따뜻해도 감기 바이러스에 걸리면 감기에
걸리는 것이에요.
어떤 학자는, 아주 추운 극지방에서는 감기 바이러스가 살지 못하기
때문에 오히려 감기에 걸리지 않는다고 말하기도 해요.
아무튼 감기는 보통 날이 아주 추운 겨울보다는 환절기에 걸리는
경우가 많아요.
밤낮의 기온차가 큰 날에는 면역력이 떨어져 바이러스에 잘 감염되거든요.
날이 춥다고 감기에 걸리는 건 아니지만, 우리 몸의 면역력이 떨어질
수 있으므로 평상시에 규칙적인 생활을 해서 면역력을 키워야겠어요.

7. 감기는 주사 한 방이면 씻은 듯이 낫는다?

건강

"콜록, 콜록! 지겨운 감기 좀 뚝 떨어지게 주사 한 대 맞아야지!"
감기에 걸렸을 때 이런 말들을 하지요? 주사가 무슨 마법 성분이라도 있는 걸까요? 주사 한 대로 감기가 뚝 떨어지다니. 이렇게 사람들은 주사를 한 대 맞으면 감기가 금세 낫는다고들 생각해요.
하지만 주사를 맞았다고 해서 감기가 낫는 것은 아니에요.
주사는 먹는 약보다는 훨씬 간편하고 또 바로 우리 몸속으로 흡수가 되기 때문에 효과가 빠를 거라고 생각하지만 실제로는 그렇지 않대요.
"감기는 약을 먹으면 일주일, 약을 먹지 않으면 7일!"
여러분은 혹시 이런 말을 들은 적이 있나요?
일주일과 7일은 같은 날이지요?
이 말은 일단 감기가 걸리면 보통
일주일은 간다는 말이에요.
그런데 왜 감기 치료를
하느냐고요? 그것은 감기에
걸렸을 때 치료를 하지 않으면
다른 여러 가지 합병증이 올 수 있거든요.

건강

8 식초를 많이 먹으면 몸이 부드러워진다고요?

체조 선수들이 식초를 먹기 때문에 몸이 유연하다는 말들을 하지요?
하지만 실제로는 식초가 몸을 유연하게 해 준다는 근거는
그 어디에도 없대요.
생선을 조리할 때 식초를 넣으면 비린내도 없어지고
뼈도 약해지기 때문에 그런 말이 나온 것 같지만,
사람의 뼈는 생선의 뼈와는 달라서 식초를 먹는다고 해도
식초가 위에서 소화가 되기 때문에 뼈까지 가지는 않아요.
다만, 식초에 들어있는 '유기산'이라는 물질이 젖산을 분해하기
때문에 피곤하고 나른할 때는 효과를 볼 수 있다고 해요.
사람은 활동을 하면 젖산이라는 물질이 분비가 돼요.
이 젖산이 몸 밖으로 제대로 나가지 않으면 몸속에 쌓여 우리 몸을
피곤하게 만들어요.
그런데 식초에 있는 유기산이 바로 이 젖산을 분해해 준다고 해요.
식초는 몸을 부드럽게 만들어 주지는 못하지만 피로에 지친 몸을
풀어 주기는 해요.

9 어지러우면 빈혈이라고요?

건강

"아~ 어지러워. 아무래도 빈혈인 거 같아!"
많은 사람들은 어지러우면 빈혈이라고 표현을 해요.
그래서 확실한 의사의 처방전 없이 무조건 빈혈약을 사다 먹는다고
해요. 그런데 어지럽다고 해서 모두 빈혈은 아니라고 하니 조심을
해야겠어요. 어지럼은 뇌에 혈액 순환이 잘 되지 않아 생겨요.
보통 누워 있거나 앉아 있다가 갑자기 일어서는 경우 어지럼이 생겨요.
뇌에 피가 일시적으로 제대로 공급이 되지 않아 생기는 거지요.
연구에 의하면 어지럼을 느끼는 증세 중 겨우 5퍼센트만이
빈혈이라고 해요. 다시 말해 어지럼증이 있다고 해서 빈혈이 생긴
것은 아니라고 말할 수 있어요.
그러므로 어지럽다고 곧바로 빈혈약을 사다 먹는 것은 아주 잘못된
생각이에요.
어지럼증이 생기면 꼭 병원을 방문하여 제대로 검사를 받고
어지럼이 생기는 원인을 찾아 치료를 받아야겠어요.

| 건강 |

열이 많은 사람에겐 인삼이 나쁘지만 홍삼은 좋다고요?

인삼은 사람의 모습처럼 생겼는데, 뿌리를 약재로 사용하는 쓰고 단맛이 나는 식물이에요. 홍삼은 인삼을 쪄서 말린 것이고요. 그런데 보통 인삼은 열이 많은 사람들은 먹지 말라고 하고, 홍삼은 아무나 먹어도 좋다는 말을 하지요. 하지만 홍삼 역시 인삼을 쪄서 말린 것이기 때문에 열이 많은 사람은 먹지 않는 것이 좋다고 해요. 인삼은 따뜻한 성질이 강한 약재로 열이 많은 사람이 먹을 경우 입과 목이 마르고 얼굴이 붉어질 수 있대요.
홍삼 역시 쪄서 말리는 과정에서 인삼의 따뜻한 성분이 줄어들기는 했지만, 따뜻한 성분이 남아있기 때문에 몸에 열이 많은 사람은 피하는 게 좋아요.
무엇보다 인삼이나 홍삼 같은 약재를 먹을 때는 전문 한의사의 진단을 받고 자기 몸에 맞는 약을 먹어야 하겠지요?

11 아기 때 녹용을 먹으면 머리가 좋아진다고요?

건강

녹용이란 사슴의 새로 돋은 연한 뿔로, 보약으로 쓰이는 한약재예요.
사슴의 두꺼운 머리뼈를 뚫고 위로 솟아난 뿔이기 때문인지
사람들은 녹용만 먹으면 머리도 좋아지고 건강해지고
키도 쑥쑥 자랄 거라는 믿음을 가지고 있는 것 같아요.
하지만 전문가의 말을 들으면 녹용이 만병통치약은 아니라고 해요.
더구나 어릴 때 녹용을 먹으면 머리가 좋아진다는 말은 그 어디에도
근거가 없어요.
녹용이 피를 만들고 근육과 뼈를 튼튼하게 만들어 주기는 하지만
지능과는 아무런 관련이 없다고 보는 것이 확실하지요.
하지만 부모의 입장에서는 녹용의 효능을 아주 부풀려 생각하는
경향이 있어요.
녹용의 힘을 빌려 우리 아기가 잘 자라도록 하고 싶다는 간절한
마음이 들어있지요.
하지만 잘 크는 아이라면 굳이 녹용을 먹이지 않아도 된다고 해요.
녹용이 좋은 약재이기는 하지만 몸에 열이 많은 사람이나,
너무 어려서 먹이는 것은 오히려 좋지 않거든요.

12

건강

껌은 우리 몸에 좋지 않다고요?

"무슨 껌 한 통을 과자처럼 한꺼번에 먹니?"
"껌은 오래 씹으면 몸에 좋지 않다던데요? 그래서 단물만 빠지면 뱉는데."
사실, 단물이 빠진 껌은 맛이 없어요.
계속해서 씹어 보았댔자 턱만 아프고요.
그래서 아이들은 껌을 씹을 때 단물만 빠지면 금세 뱉어 버리고 말아요.
하지만 이렇게 단물만 빨아 먹고 뱉는 건 좋지 않다고 해요.
껌의 당분이 치아에 남아 있어 치아를 상하게 할 수 있거든요.
물론 껌을 씹는 것은 입 냄새를 제거하고 침 분비를 촉진시켜
소화를 돕기도 해요.
또한 '오물 오물' 껌을 씹는 동안 뇌의 발달에도 도움을 준다고 해요.
하지만 껌을 너무 오래 많이 씹는 것은 좋지 않아요.
우리 몸의 근육은 쓰면 쓸수록 발달되는데, 껌을 너무 많이 씹다 보면
턱의 근육이 두꺼워져 사각턱처럼 될 수도 있거든요.
그리고 중요한 거 한 가지, 사람들이 많은 곳에서 소리 내어
껌을 씹는다거나 다 씹은 껌을 아무데나 뱉는 것은 삼가야 하겠죠?

13

껌을 씹으면 양치를 하지 않아도 된다고요?

건강

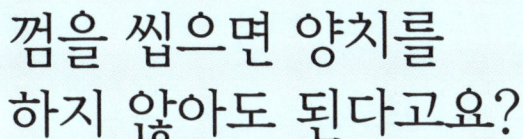

"양치하고 자야지!"
"껌 씹었으니까 양치 안 해도 돼요."
"껌 속의 당분이 치아에 남아 있기 때문에 양치는 꼭 해야 되는 거야."
맞습니다. 보통 껌을 씹으면 양치를 안 해도 되는 걸로 아는 경우가 있는데 껌을 씹은 뒤에도 꼭 양치는 해야 해요.
양치는 치아 표면의 세균막인 플라크를 닦아 내는 거예요.
그런데 껌은 아무리 씹는다고 해도 플라크를 없애지는 못해요.
밥을 먹고 난 뒤 껌을 씹는 것은 입 안의 냄새를 없애기는 하지만, 충치를 억제하지는 못해요.
물론 요즘에는 충치를 억제하는 껌이라고 해서 양치하고 씹는 껌이 있는데, 이런 껌 역시 씹은 뒤에는 꼭 양치를 하는 것이 좋아요.
충치를 억제하는 성분이 들어 있기는 하지만, 충치를 100퍼센트 예방하지는 못하니까요.
음식을 먹은 뒤에는 치아의 건강을 위해서 꼭 양치를 해야겠어요.

14 건강 사이다나 콜라를 먹으면 소화가 잘 된다고요?

사이다를 먹으면 '꺼억'하고 트림이 나오지요?
그래서인지 소화가 안 되고 속이 더부룩할 때 사이다 같은
탄산음료를 찾아요. 특히 고기 종류를 먹었을 때 사람들은 입가심으로
사이다를 마셔요. 톡 쏘는 맛과 개운한 뒷맛 때문에 왠지 소화가 잘
될 것 같거든요. 하지만 탄산음료가 소화에 도움이 된다는 것이
의학적으로 밝혀진 것은 없어요.
다만 탄산음료에는 이산화탄소가 녹아있기 때문에 어느 정도 소화를
돕기는 하겠지만, 그렇다고 소화제와 같은 역할을 하는
것은 아니에요. 오히려 탄산음료를 많이 마시면
음료 속에 들어있는 당분과 착색료 때문에
치아에 좋지 않을 수도
있어요. 그러므로
탄산음료를 너무
많이 마셔서는
안되겠어요.

15 날달걀을 먹으면 목소리가 좋아진다고요?

건강

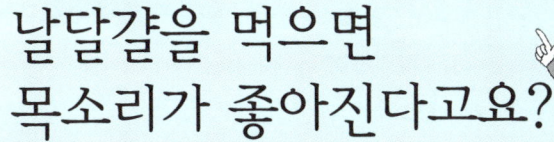

"아 에 이 오 우~."
다같이 노래를 불러 볼까요?
노래를 하거나 말을 할 때 성대가 떨리면서 나오는 소리가 바로 목소리예요. 성대는 낮고 높은 소리, 감미로운 소리, 슬픈 소리 등 다양한 소리를 낼 수 있어요. 여러분은 혹시 목소리와 관련해서
"노래를 부르기 전에 날달걀을 먹으면 노래를 잘 한다."
라는 말을 들어 본 적이 있나요?
목소리는 성대가 떨려 나오는 것인데 날달걀을 먹으면 목소리가 좋아진다니요?
사실, 날달걀을 먹는 것과 목소리가 좋아지는 것은 아무런 관계가 없어요. 달걀의 영양 성분이 몸에 좋을지는 모르지만 그렇다고 목소리를 좋게 하지는 않거든요. 만약 날달걀이 목소리를 좋게 하여 노래를 잘 부른다면 이 세상에 음치는 하나도 없겠지요?
이런 말이 생긴 것은 아마도 닭이 새벽에 목청껏 울기 때문에 닭이 낳은 미끈미끈한 날달걀을 먹으면 목소리가 탁 트일 것 같은 생각이 들지 않았나 싶어요.

건강

살을 빼는 데는 굶는 것이 최고라고요?

여러분도 쭉쭉 빵빵인 친구가 부럽다고요?

요즘에는 어린이나 어른이나 할 것 없이 몸에 대해 아주 관심이 많아요.

특히 비만을 건강의 가장 나쁜 적으로 여겨 너도나도 할 것 없이 살 빼기에 열중을 하죠.

그래서인지 살과 관련된 잘못된 상식들이 참 많이 알려져 있어요. 그 중의 하나가,

"살을 빼는 데는 굶는 것이 최고이다."라는 말이지요.

음식을 먹지 않는다는 것은 열량이 쌓일 리가 없다는 말이므로 듣기만 해도 금세 살이 빠질 것만 같지요?

물론 굶는 방법은 어느 정도 체중이 줄어들 수는 있어요.

하지만 굶기로 살을 뺐다고 해서 언제까지나 굶을 수는 없기 때문에 음식을 먹게 되면 체중이 원래대로 증가하게 돼요.

한마디로 굶어서 살을 빼는 방법은

끝까지 유지를 할 수 없기 때문에 좋은 방법이 아닌 셈이죠.

그래서인지 한번 굶기 시작한 사람들은 어느 정도 살이 빠지면

다시 음식을 먹었다가 체중이 불어나면 또다시 굶기를 반복해 가며
살을 빼요.
그러다보면 우리 몸은 또 언제 음식이 들어오지 못할지 모른다는
생각으로 음식을 먹기만 하면 지방으로 더 많이 축적을 해 두기
때문에 오히려 살이 더 잘 찌는 체질로 변할 수 있어요.
살이 어느 정도 빠졌다고 해서 음식을 다시 섭취하게 되면
원래의 체중으로 돌아가 버리는 것도 이 같은 이유 때문이에요.
게다가 굶는 것은 우리 몸에 영양소를 제대로 공급하지 못하기
때문에 몸이 쉽게 피곤해지거나 머리가 잘 빠지는 등
건강에 이상이 생길 수 있어요.
이제 굶는다고 해서 무조건 살이 빠지는 것은 아니라는 거 아셨죠?

17 건강

물만 마셔도 살이 찐다고요?

"나는 물만 마셔도 살이 찌는 체질이야."
일반적으로 물은 아무리 마셔도 살이 찌지 않는다고 알고 있지만,
그 중에는 이처럼 물도 살이 찐다고 하는 사람도 많아요.
정말 물만 마셔도 살이 찔까요?
답부터 말하자면 물을 마신다고해서 살이 찌는 것은 아니에요.
물 자체만으로는 칼로리가 없기 때문이지요.
다만 식사 전후에 물을 마시면 살이 찌기 쉬운 체질로 바뀔 수는 있어요.
비만인 사람의 경우, 보통 사람들에 비해 몸의 신장기능이 떨어져 있는
경우가 많대요. 이것은 몸 안에 남아 있는 수분이 쌓이기 때문에
몸이 잘 붓는다는 얘기지요.
또한 물과 관련해서, "식사 전에 물을 마시면 식욕을 떨어뜨려 살이
찌지 않는다."라는 말이 있지요? 이 또한 잘못된 말이에요.
언뜻 생각하기에는 물 때문에 다른 음식을 적게 먹어서 살이 찌지
않을 것 같지만, 물이 위속에 있는 위액을 희석시켜 소화 기능을
떨어뜨릴 수 있어요. 위에 있는 산이 모두 씻겨 나가 오히려
살이 찌는 체질로 바뀔 수 있는 것이지요.

18. 여름에 먹는 보약은 땀으로 다 나간다고요?

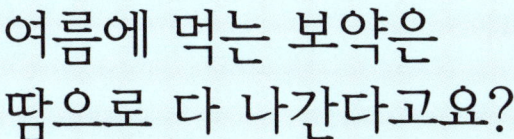

건강

보약은 한약재를 말하는 것으로
보통 몸이 허한 것을 치료하기 위해 먹는 것이에요.
그런데 '여름철에는 보약을 먹지 않는다'라는 말이 있어요.
이것은 여름철에 땀을 많이 흘리기 때문에
보약을 먹어 보았댔자, 보약 성분이 모두 땀으로 나갈 것이라
생각해서랍니다. 하지만 보약을 여름철에 먹는다고 해서
보약 효과가 땀으로 나가지는 않습니다.
땀이란 땀샘에서 나오는 분비물일 뿐이거든요.
우리 몸은 체온을 일정하게 유지하며 몸 안의 노폐물을 땀이나
소변으로 내보내지요.
다른 계절에 비해 한여름에 땀을 많이 흘리는 것은 이처럼 체온을
일정하게 하기 위한 것일 뿐, 몸 안의 영양소들이 빠져 나가는 것은
절대 아니랍니다.
그러므로 여름에 먹은 보약 효과가 모두 땀으로 빠져 나간다는 말은
틀린 것이지요. 오히려 몸의 기능이 많이 떨어지는 여름에 보약을
먹는 것도 좋다고 해요.

19 건강 — 속이 쓰릴 때는 우유를 먹으라고요?

"속이 쓰릴 때는 우유가 최고래."
실제로 속이 쓰리고 거북할 때 우유를 마시면 낫는다고 믿는
사람들이 종종 있어요.
우유가 약알칼리성이고 위산이 산성이니까
우유가 위산을 중화시킬 거라고 믿기 때문이죠.
그러나 속이 쓰릴 때 우유를 마시게 되면
잠시 위산을 중화시켜 증세가 나아지게 할 수는 있지만,
속 쓰림이 완전히 낫지는 않아요.
우유가 곧 다시 위산의 분비를 촉진시키기 때문이지요.
속이 쓰릴 때마다 우유를 마시는 것은
오히려 속을 더 쓰리게 할 수 있다는 말이에요.
더구나 속 쓰림은 때에 따라 다른 질병을 가져올 수도 있어요.
따라서 속이 쓰릴 때는 무작정 우유를 마시기보다
병원을 방문하여 원인을 찾아 적절하게 치료를 하는 것이 좋아요.

20. 땀띠에는 베이비파우더가 특효약이라고요?

건강

땀띠란 피부에 돋아나는 작고 붉은 물집을 말해요.
주로 땀을 많이 흘리는 여름에 땀샘에서 만들어진 땀이
땀구멍이 막혀 밖으로 제대로 나오지 못해 생겨요.
보통 어른보다는 아기들이 땀을 많이 흘려서인지 아기의 몸에
땀띠가 잘 생기지요. 일단 땀띠가 한번 생기면 그 부위가 가렵고
따가워 여러모로 괴로워요.
그래서 이왕이면 땀띠가 생기지 않게 예방을 해 주면 좋은데
아기의 경우 피부조절 능력이 약하고 땀을 많이 흘리기 때문에 자주
땀띠가 나요.
그런데 땀띠가 나면 엄마들은 베이비파우더를 듬뿍듬뿍 발라 주지요?
베이비파우더를 바르면 몸이 보송보송해져
땀띠가 금세 나을 것이라 생각하기 때문인데
사실은 피부에 이미 생긴 땀띠에 파우더를 발라 주는 것은
땀띠를 더욱 더 악화시켜 줄 뿐이에요.
파우더가 끈적끈적한 피부에 달라붙어 오히려 땀구멍을 막고,
파우더의 화학물질이 피부를 자극하거든요.

건강 | **21 잘 씻지 않아 여드름이 생긴다고요?**

여드름은 피부에 오돌토돌 돋아나는 작은 종기예요.
흔히들 여드름을 '청춘의 상징'이라고 하지요.
그만큼 청소년기에 여드름이 많이 나기 때문이에요.
그런데 보통 잘 씻지 않으면 여드름이 생긴다고 생각을 해요.
하지만 여드름은 지저분한 것과는 관련이 없어요.
잘 씻지 않는다고 해서 여드름의 직접적인 원인이 되는 것은
아니거든요.
사춘기가 되면 남녀 모두 남성 호르몬 분비가 왕성해져요.
이때 모낭 옆에 붙어 있는 피지선을 자극해서 피지의 분비가
많아지게 돼요. 그 결과 피지가 모낭에 쌓이게 되는데,
이때 모낭 안에 살고 있는 세균이 번식해서 염증을 일으켜
여드름이 생겨요.
물론 세안을 깨끗이 하면 피부에 어느 정도 도움이 되겠지만,
지나치게 자주 씻고 얼굴을 소독하는 것은 오히려 피지의 분비가
많아지게 할 수 있어요.

22. 결혼하면 여드름이 없어진다고요?

건강

여드름이 호르몬의 영향으로 생기기 때문에 보통 결혼을 하면 여드름이 없어진다고 알고 있어요. 하지만 결혼을 한다고 해서 여드름이 없어지는 것은 아니에요. 30대와 40대에도 여드름이 나거든요. 여드름은 호르몬의 영향만으로 생기는 것은 아니에요. 여자의 경우에는 매일 화장을 하다 보면 모공이 막혀 숨을 쉴 수 없어 피지가 많이 나오기 때문에 여드름이 생길 수 있어요. 또한 스트레스도 피지 분비를 촉진시켜 여드름이 생기게 해요.

여드름과 관련해서 아이스크림이나 커피를 먹으면 여드름이 심해진다는 말이 있는데 이것 역시 틀린 말이에요. 여드름은 음식과도 아무런 관련이 없대요. 여드름이 생기는 데에는 호르몬의 과다 분비, 피부에 기생하는 균, 막힌 모공에 쌓인 피지, 스트레스 등 여러 가지 원인이 있어요.

23 건강

보약을 먹으면 살이 찐다고요?

보약을 먹으면 살이 찐다라는 말을 보통 하지요?
이것 역시 틀린 말이에요. 보약을 먹는 것과 살이 찌는 것은 직접적인 관련이 없거든요. 그러나 보통 보약을 먹은 뒤 입맛이 좋아져서인지 보약을 먹으면 살이 찐다고들 말하지요.

물론 보약은 허약한 몸의 기운을 보충해 주기 때문에 입맛을 좋게 하여 평상시와 다르게 음식을 많이 먹을 수는 있어요. 그러다 보면 살이 찔 수도 있을 거고요. 하지만 보약은 주로 섬유질이므로 살이 찌는 직접적인 원인은 아니에요. 살이 찌는 것은 보약을 먹어서라기보다 음식을 평상시보다 많이 먹었다거나 또 운동량이 줄었다거나 하는 등의 여러 가지 이유가 있을 거예요.

24. 모든 암이 유전된다고요?

건강

지금까지는 '암'하면 부모로부터 자식에게 유전되는 질병이라고들
알려져 왔어요.
하지만 '유전되는 암'은 극히 소수에 불과해요.
부모가 암이었다는 것만으로 자식이 암이어야 한다고는
그 누구도 장담할 수 없다는 이야기예요.
연구에 의하면 거의 대부분의 암은 생활 습관 같은 환경적인 요인으로
생긴다고 해요.
암이 유전된다는 얘기도 사실은 가족이기 때문에 식생활 같은
생활 습관이 비슷하기 때문에 같은 질병에 걸릴 가능성이 높다는
얘기 정도로 생각을 하면 좋을 것 같아요.
물론 특정 암의 경우는 유전적인 요인이 있기도 하지만,
대부분의 암이 유전과는 아무런 상관이 없어요.
할아버지나 부모가 암이었기 때문에
나도 암에 걸리는 것은 아닌가 하고 생각할 필요는 없다는 얘기예요.

25 건강 — 햇볕을 쬐는 것이 아이 몸에 좋다고요?

식물은 햇빛을 먹고 동물은 그 식물을 먹고……. 이렇게 자연의 생태계에 있어 햇빛은 아주 중요한 역할을 해 왔어요.

우리 몸에 좋은 비타민 중에서도 햇빛과 아주 깊은 관련이 있는 것이 있어요. 바로 비타민 D예요. 비타민 D는 햇빛을 받으면 우리 피부에서 합성되는 아주 특이한 비타민으로 칼슘의 흡수를 도와주어 뼈를 튼튼하게 해 주어요.

햇볕을 쬐지 않으면 뼈가 약해지는 것도 이와 같은 이유 때문이죠. 또 '어린아이에게 햇볕을 쬐어 주면 좋다'라는 말이 있어요. 하지만 어린아이는 피부가 연약하기 때문에 햇볕을 직접 몸에 쬐는 것은 좋지 않아요. 햇빛 속에는 자외선이 들어 있기 때문에 너무 많이 햇볕에 노출될 경우 피부에 주름이 잘 생기고 피부암에 걸릴 확률이 높아질 수 있거든요.

특히 6개월 이전의 어린아이의 경우에는 가능한 햇볕을 직접 쪼이지 않는 것이 좋아요.

26. 세균은 모두 나쁘다고요?

건강

세균은 우리 눈으로는 볼 수 없는 아주 작은 크기의 미생물로 우리 몸 구석구석에 살고 있어요.
피부, 머리, 입안, 귓속, 콧속까지 없는 곳이 없을 정도로요.
우리 몸뿐만 아니라 세균은 우리가 매일 먹는 음식에도 있고 공기 중에도 있어요. 그런데 세균하면 모두 나쁘다는 생각이 먼저 들지요.
세균 중에는 장티푸스, 이질, 콜레라처럼 사람 몸에 들어와 급성 전염병을 일으키는 무서운 세균들이 있어서 그런지 세균은 왠지 모두 나쁠 것만 같거든요. 실제로 세균은 인류를 멸망시킨 적도 있어요.
페스트로 인해 인구의 절반 이상이 죽은 유럽이나 잉카제국을 망하게 한 천연두, 한 마을을 죽음으로 몰고 간 독감 등 세계 역사를 뒤흔든 세균은 정말 셀 수 없을 정도로 많아요. 전 세계를 공포에 떨게 하는 사스 역시 무서운 세균 중의 하나예요.
하지만 세균이라고 해서 모두 나쁜 것은 아니에요. 요구르트에 들어있는 유산균 같은 세균은 오히려 우리 몸에 좋은 역할을 해요.
하지만 지구상에는 여전히 나쁜 세균도 많이 있으니까 외출했다 돌아오면 손발을 먼저 깨끗이 씻는 거 잊지 마세요.

27 건강 — 지방이 건강에 안 좋다고요?

지방이 많으면 뚱뚱하다는 생각 때문일까요?
우리는 '지방은 무조건 건강에 좋지 않다'라고 생각하는 경향이 있어요. 그렇다면 정말 지방은 필요 없는 것일까요?
답부터 말하자면 지방은 절대 필요 없는 것이 아니에요.
지방은 우리 몸을 따뜻하게 해 주는 옷과 같은 역할을 한다고 해야 할까요?
몸 안에 저장된 지방은 우리가 쓸 수 있는 에너지로 전환을 해 주는 절대로 없어서는 안 될 것이랍니다.
물론 우리가 먹은 음식물은 몸 안에서 쓰고 남으면 지방으로 축적이 되어 뚱뚱해지기 쉬워요.
하지만 뚱뚱해지는 것은 운동량이 적거나 너무 많이 먹어 몸 안에 필요 이상의 지방이 쌓여 있기 때문이지 지방 자체가 나쁜 것은 아니에요.
지방은 단백질과 마찬가지로 우리 몸에 필요한 영양소랍니다.

28. 콜레스테롤은 무조건 나쁘다고요?

건강

콜레스테롤은 고혈압이나 동맥경화증, 뇌출혈 같은 성인병과
연결지어져 무조건 나쁜 것이라 생각하기가 쉬워요.
그러나 콜레스테롤이 필요 없는 것은 아니에요. 콜레스테롤 역시
지방과 같이 우리가 살아가는 데 꼭 필요한 영양소이거든요.
우리 혈액 속에는 콜레스테롤이 있는데, 이것은 성호르몬,
부신호르몬 등 우리 몸에 꼭 필요한 것들을 만들어요.
보통 우리는 콜레스테롤 양이 적으면 적을수록 좋다고 알고 있지요.
하지만 콜레스테롤이 우리 몸에 필요한 영양소인 것을 보면
무조건 적다고 좋은 것은 아니에요.
콜레스테롤 양이 지나치게 적으면 우리 몸의 여러 가지 호르몬을
생산하지 못해 건강이 나빠질 수 있거든요.
또한 동물성 지방을 많이 먹으면 콜레스테롤이 늘어나고
식물성 기름을 먹으면 콜레스테롤이 줄어든다고 알고 있는데
이것 역시 틀린 말이에요.
콜레스테롤은 우리 몸의 영양 상태나 섭취하는 음식에 따라
줄어들기도 하고 늘어나기도 해요.

29 건강

사우나를 하면 살이 빠진다고요?

"사우나를 했더니 체중이 줄었네? 살이 빠진 걸까?"
"그건 살이 빠진 게 아니고 수분이 빠진 거야!"
사우나 찜질방에서 땀을 빼고 나면 몸무게가 준 것을 본 적이 있나요?
그때마다 우리는 살이 빠졌다고 좋아들 하지요.
그렇다면 정말로 살이 빠져서 몸무게가 줄어든 것일까요?
땀을 빼면 몸 안의 수분이 빠져 나가기 때문에
일시적으로 몸무게가 줄 수는 있지만 살이 빠지는 것은 아니에요.
살이 빠진다는 것은 수분이 빠지는 것이 아닌 지방이 빠지는 것을
의미하거든요.
사우나 찜질방에서 흘린 땀은 물을 마시게 되면 다시 원래의
몸무게로 돌아가는 것만 봐도 살이 빠지는 게 아니라는 사실을
알 수 있을 거예요. 이제부터는 찜질방에서 몸무게가 줄었다고 해도
살이 빠졌다고는 생각하지 마세요.
땀과 관련해서 잘못 알려진 상식으로
"땀복을 입고 운동하면 정말 살이 빠진다."라는 말이 있어요.

이 말 또한 잘못된 말이에요. 사람들은 땀복을 입고 운동을 하면 땀도
많이 나고 몸무게도 많이 줄기 때문에 살이 빠진다고 알고 있지만,
이 역시 운동 직후에 물이나 음료수를 마시면 몸무게가 다시 원래대로
돌아간답니다.

중요한 거 한 가지!

사우나를 하거나 땀복을 입고 땀을 지나치게 많이 흘릴 경우에는
오히려 건강에 좋지 않다고 해요.

운동을 할 경우에는 땀 성분으로 노폐물과 중금속 등이 빠져 나가지만,
사우나 찜질방에서 땀을 뺄 경우에는 칼슘과 마그네슘 같은
우리 몸에 꼭 필요한 영양 성분이 빠져 나갈 수 있기 때문이에요.

음식편

1. 라면을 먹고 자면 얼굴이 붓는다고요?

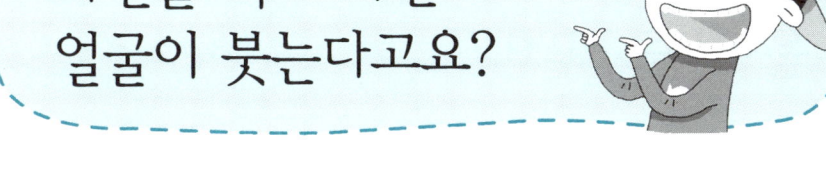

음식

전날 밤에 라면을 먹고 잠이 든 적이 있나요?
아침에 일어나면 정말로 얼굴이 퉁퉁 부어 있어요.
라면을 먹고 자면 왜 얼굴이 붓는 걸까요?
라면 때문에 얼굴이 붓는다고 생각하기 쉽지만 정확히 말하자면
라면 때문에 붓는 것은 아니에요.
우리나라의 라면은 대부분 맵고 짠맛이 나요.
우리나라 사람들이 대부분 짭짤하고 얼큰한 것을 좋아하기
때문이지요.
그래서 저녁에 라면을 먹게 되면 맵고 짠 라면 맛 때문에
평상시보다 물을 많이 마시게 돼요.
우리 몸은 잠을 자면서도 땀이나 피부로 수분을 내보내는데,
라면을 먹고 잠을 자면 몸 밖으로 미처 나가지 못한 수분 때문에
얼굴이 퉁퉁 붓는 것이에요.
하지만 라면에 우유를 약간 넣어 먹게 되면 우유의 칼슘과 칼륨이
라면의 염분을 몸 밖으로 나가게 도와주어 몸이 붓지 않아요.

음식

마늘을 많이 먹으면 몸에 좋다고요?

"아빠, 마늘이 그렇게 맛있어요?"
"맛도 좋지만 몸에 좋다고 하니까 먹는 거야."
마늘의 효능이 알려지면서 마늘을 먹는 어른들이 참 많아졌어요.
특히 고깃집에 가 보세요.
아이들은 고기를 주워 먹느라 바쁜데 어른들은 마늘을 꼭 고깃판에 올려놓고 마늘을 고기 굽듯 구워 먹기까지 하지요.

어른들이 이렇게 마늘을 많이 드시는 이유가 글쎄 몸에 좋기
때문이래요.
우리 아이들이 보기에는 맵고 냄새나고 맛도 하나도 없던데.
그런데 정말로 마늘을 많이 먹으면 몸에 좋은 걸까요?
마늘 속에는 알리신과 비타민 B1이 결합된 알리아치민이
장운동을 활발하게 만들어 주기 때문에 장이 나쁜 사람에게도
아주 좋아요.
또한 마늘은 항균, 살균 작용과 함께 노화 방지까지 한대요.
우리가 매일 먹는 김치에도 사실은 마늘이 듬뿍 들어 있어요.
마늘은 음식 맛을 돋우는 데도 빼놓을 수 없을 만큼 중요하거든요.
하지만 마늘이 몸에 좋다고 해서 생마늘을 많이 먹는 것은
오히려 건강을 해칠 수가 있어요.
생으로 마늘을 먹을 경우 속이 쓰리고 아프기 때문에
빈속에 생마늘을 먹으면 위장 장애까지 일으킬 수 있거든요.
하지만 한두 개의 마늘은 소화액의 분비를 촉진시켜 소화를 돕고
몸을 따뜻하게 하는 등 여러 가지 효과가 있다고 해요.
만약 마늘을 많이 먹고 싶으면 가능한 생마늘 보다는
익혀 먹거나 장아찌를 만들어 먹어 보세요.
영양소 파괴도 없으면서 냄새가 없어져 먹기에도 좋아요.

3

음식

피부병이 있을 때 닭고기를 먹지 말라고요?

닭고기에 지방이 많아서일까요?
피부병이 있을 때는 닭고기를 먹으면 안 된다고 생각하는
사람이 많아요. 그러나 이런 속설은 전혀 근거가 없어요.
오히려 닭고기는 영양면에서도 훌륭한 식품이라고 해요.
지방과 콜레스테롤은 낮고 단백질은 아주 높거든요.
또한 맛도 정말 좋지요.
그런데도 옛날부터 닭고기는 피부에 좋지 않다는 속설이
전해 내려오는 건 무슨 이유에서일까요?
아마도 닭의 피부가 우둘투둘해서 닭고기를 먹으면 닭 피부처럼
될까 봐 그런 생각을 했던 것은 아닐까요?
사실, 거의 대부분의 음식은 질병과는 아무런 관련이 없어요.
닭고기가 체질적으로 잘 맞지 않아 피부에 두드러기가 난다면
또 모를까, 일부러 닭고기를 안 먹을 이유는 없다는 말이에요.
그러니 음식을 가리지 말고 골고루 섭취하는 것이
가장 좋을 것 같아요.

4 닭고기를 먹으면 닭살이 된다고요?

음식

"닭고기 많이 먹으면 닭살 된다~."
맛있는 치킨을 먹을 때 엄마에게 이런 말 들은 적 있나요? 혼자 먹기에도 아까운 맛난 치킨을 많이 먹으면 닭살처럼 된다니요?
게다가 엄마는 아빠에게는 닭 날개를 먹지 말라고 하시면서 엄마가 쏙 먹어 버리시네요. 닭 날개를 먹으면 바람이 난대나 뭐래나요?
하지만 엄마의 속셈은 다 따로 있었어요.
닭 날개 속에는 콜라겐 성분이 들어 있어 피부에 좋다는 것을 알고 예뻐지기 위해 엄마만 몰래 드신 거지요.
그나저나 닭고기를 많이 먹으면 정말로 닭살이 될까요?
그동안 먹은 닭고기만 해도 수십 마리는 될 텐데 피부가 닭살처럼 우둘투둘해질까 봐 걱정된다고요? 이제부터는 걱정 말고 많이 먹어도 된답니다. 닭고기 먹는다고 여러분의 피부가 닭살처럼 되지는 않으니까요. 하지만 치킨의 경우 칼로리가 많이 나가니까 너무 많이 먹지는 않는 게 건강에도 좋을 것 같아요.

음식

5. 여름에 돼지고기는 잘 먹어야 본전이라고요?

"여름에는 돼지고기를 안 먹는 거라던데요?"
"무슨 소리! 땀을 많이 흘렸으니 고기로 영양 보충 해야지."
"하지만 돼지고기는 잘 먹어야 본전이라던데."
옛날부터 전해 오는 속설 중에,
'여름철의 돼지고기는 잘 먹어야 본전'이라는 말이 있어요.
이것은 냉장고가 없던 시절의 이야기로 오늘날에는 전혀 해당되지 않는 말이에요. 옛날에는 냉장 시설이 없었기 때문에 지방과 단백질이 많은 돼지고기를 싱싱하게 보관하기란 정말 어려웠어요.
그러다 보니 미생물이 번식하는 여름에는 고기가 쉽게 상해서,
돼지고기를 먹으면 걸핏하면 배탈이 나서 설사를 하기 일쑤였어요.
그래서 돼지고기는 잘 먹어야 본전이라는 말이 나왔어요.
하지만 요즘에는 어떤가요?
계절에 상관없이 언제든 고기를 싱싱하게 보관할 수 있잖아요.
그러니 이제는 여름에도 맘껏 돼지고기를 먹어도 된답니다.
특히 돼지고기는 수은과 납 같은 공해 물질을 해독한다고 해요.
돼지고기의 지방이 몸 안에서 녹으면서 우리 몸속에 쌓인

중금속이나 먼지와 결합하여 땀이나 배설물로 나가게 해 준대요.
그래서 먼지가 많은 곳에서 일하는 사람들은 적어도 일주일에
한번은 꼭 돼지고기를 먹는다고 해요.
돼지고기에는 지방과 콜레스테롤이 많은데 괜찮으냐고요?
물론 돼지고기에는 여러 유익한 영양소들도 있지만 콜레스테롤과
지방이 많은 것도 사실이에요. 하지만 지방 부위를 잘 떼어 내고
조리한다면 그리 걱정 안 해도 된답니다.
그리고 아무리 몸에 좋은 음식이라고 해도 한꺼번에 너무 많이 먹는
것은 건강에 좋지 않겠지요?

음식

커피는 무조건 건강에 좋지 않다고요?

커피는 카페인이 들어있기 때문이 많이 먹게 되면 중독이 되어 몸에 좋지 않다고 알려져 있어요.
그래서 커피는 무조건 건강에 좋지 않다고 알고 있는 사람이 참 많아요.
하지만 카페인은 커피뿐만 아니라 녹차나 콜라에도 들어 있어요. 홍차의 경우는 커피보다 더 많은 카페인이 들어 있고요.
사실 커피가 무조건 건강에 안 좋다고 말할 수는 없어요. 1958년 미국 식품 의약국인 FDA에서도 커피가 안전하다고 판정내린 것만 봐도 커피가 알려진 것처럼 몸에 해로운 것은 아니라는 사실을 알 수 있어요.
적당한 양의 커피는 오히려 몸에 좋다고 해요. 커피를 마시면 커피 속에 든 카페인이 몸 안의 피로 성분은 노폐물로 배출시켜 주고, 기분을 좋게 하는 화학 물질이 뇌 속을 다니게 만들어 기분이 좋아지게 하며, 커피의 타닌 성분은 치아에 있는 세균이 활동을 못하게 만들어 충치를 예방하기도 하거든요.

7. 달걀 노른자보다 흰자에 단백질이 더 많다고요?

음식

달걀은 성장기의 어린이들에게 아주 좋은 완전식품이에요.
섬유질과 비타민 C를 제외한 모든 영양소가 들어 있기 때문에
우유와 더불어 완전식품으로 불리지요.
달걀 한 개를 통째로 살펴보면,
전체 중량의 60%가 흰자, 30%가 노른자, 껍질이 10% 정도를
차지하고 있는데, 달걀의 크기가 클수록 흰자의 비율이 높아져요.
또한 달걀에는 많은 영양소들이 들어 있는데, 수분 74.4%,
단백질 12.3%, 지질 11.2%, 당질 0.9%, 칼슘 55mg이 들어 있어요.
보통 흰자에는 단백질이 많아 몸에 좋고, 노른자에는 콜레스테롤이
들어 있어 몸에 좋지 않다는 생각들을 해서일까요?
다이어트를 하는 사람들은 노른자는 먹지 않고 흰자만 먹지요?
그런데 흰자와 노른자의 영양분을 살펴보면,
노른자에 달걀 전체 단백질의 절반 정도와 지방의 대부분이 들어
있다는 것을 알 수 있을 거예요.
한마디로 흰자보다 노른자에 단백질이 더 많다는 얘기지요.

음식

8 아침 사과는 보약, 저녁 사과는 독약이라고요?

"하루에 사과 한 개를 먹으면 의사가 필요 없다."라는
말이 있을 정도로 사과는 영양분이 풍부한 과일이에요.
더구나 새콤달콤한 사과 맛은 싫어하는 사람이 없을 정도로 맛이 좋지요.
특히 사과 속에는 위액의 분비를 도와 소화가 잘 되게 해 주는
유기산, 몸 안에 쌓인 피로 물질을 없애 주는 구연산과 주석산,
염분을 몸 밖으로 내보내는 역할을 하는 칼슘, 식이섬유와 유산균을

키우는 장운동을 도와주는 펙틴 성분 등 많은 영양소가
들어 있어요. 하지만 우리는 보통,
"아침 사과는 보약이고, 저녁 사과는 독약"이라 하여
밤에는 사과를 먹어서는 안 된다고 알고 있어요.
하지만 밤에 사과를 먹는 것이 무조건 몸에 나쁘다고 말할
수는 없어요.
밤에 사과를 먹지 말라는 것은, 우리 몸속의 위에서
산이라는 물질이 나와 소화 흡수를 돕듯 사과 속에도
산이 들어 있기 때문에 잠을 자야하는 밤에 사과를 먹으면
위에 부담을 크게 주지 않을까하는 생각에서 그런 말이
나온 것 같아요.
더구나 옛날에는 지금처럼 영양가가 높지 않은 음식을 먹었기
때문에 밤에 먹는 사과가 위에 부담이 되었을 수도 있어요.
하지만 요즘에는 모두들 영양가가 높은 음식을 먹기 때문에
밤에 사과 몇 쪽 먹는 것이 위에 큰 부담이 될 정도는 아니에요.
다만 저녁에는 잠을 자야하기 때문에 다른 음식들뿐만 아니라
사과도 적게 먹는 게 좋겠지요?

| 음식 | 9 비타민은 많이 먹을수록 몸에 좋다고요? |

비타민은 탄수화물 같은 영양소를 에너지로 바꾸는데
꼭 필요한 물질이에요.
특히 비타민 A는 눈에 좋고, 비타민 C는 감기에 좋고,
비타민 D는 뼈를 튼튼하게 해 주는 등 비타민은 우리 몸에 꼭 필요한
영양소예요. 이 외에도 비티민은 그 종류만 해도 무려 13가지나 되고,
효능도 말할 수 없이 많아요. 한때 비타민이 몸에 좋다고 알려지면서
하루도 빠짐없이 비타민제를 챙겨 먹는 사람들이 많아졌어요.
그럼 비타민은 많이 먹을수록 몸에 좋은 걸까요?
우리 몸에서 필요로 하는 비타민은 아주 작은 양이에요.
우리가 먹는 음식만으로도 필요한 비타민을 섭취할 수 있다고 하니
얼마나 작은 양인지 짐작이 가겠지요?
하지만 비타민은 조금이라도 부족하면 여러 가지 질병에 걸릴 수 있어요.
비타민 A가 부족하면 어두운 곳에서는 전혀 앞이 보이지 않는 야맹증,
비타민 B가 부족하면 다리가 붓고 마비되는 각기병,
비타민 C가 부족하면 잇몸에서 피가 나는 괴혈병,
비타민 D가 부족하면 등뼈나 가슴뼈가 굽는 구루병 등.

비타민은 이렇게 조금이라도 부족하면 여러 가지 질병에 걸려요. 그렇다면 비타민은 많이 먹으면 좋은 걸까요?

"비타민은 먹으면 먹을수록 좋다니까."

"비타민은 필요한 양만 흡수하고 배출하기 때문에 아무런 문제도 일으키지 않아."

이렇게 많은 사람들이 비타민 섭취는 무조건 몸에 좋고 해는 없다고 생각을 해요. 하지만 비타민은 너무 많이 섭취를 해도 몸에 좋지 않아요. 무엇이든 지나치면 모자람만 못하듯이 비타민 A를 많이 먹으면 설사와 두통, 비타민 C는 설사와 요로결석, 비타민 D는 구토와 메스꺼움, 성장 장애 등을 일으킬 수 있어요. 아무리 몸에 좋은 보약이라 하더라도 지나치게 많이 먹으면 독이 될 수 있는 것이지요.

| 음식 | 물보다 이온음료가 갈증해소에 더 좋다고요? |

이온음료란 우리 몸의 체액과 비슷하게 만든 음료를 말해요. 운동을 하다 보면 땀이 많이 나지요? 땀을 계속 흘리다 보면 우리 몸에는 수분이 부족하게 되는데, 이때 물을 마셔 수분을 보충해 주어야 해요. 그런데 운동을 계속하다 보면 수분뿐만 아니라 영양소도 빠져 나가게 돼요.

이때 이온음료는 짧은 시간에 수분과 함께 영양소를 공급해 줄 수 있지요. 하지만 이온음료가 물보다 갈증해소에 더 좋은 것은 아니에요. 이온음료가 체액과 비슷해서 우리 몸에 흡수가 빨리 되어서 그렇지 갈증을 없애는 데는 물이 가장 좋아요. 운동 후에 꼭 이온음료를 마셔야 좋은 것은 아니라는 말이지요. 보통 1시간 정도의 운동에는 물을 마시는 것만으로 충분해요. 이온음료를 많이 마시다 보면 오히려 염분과 영양분을 너무 많이 섭취할 수도 있기 때문이에요.

11. 아침 냉수 한 잔은 최고의 보약이라고요?

음식

우리 몸에서 물이 차지하는 비율은 70~80% 정도예요.
물이 우리 몸에서 하는 일을 살펴보면, 몸속의 노폐물을 몸 밖으로
배출시켜 주고, 혈액의 농도를 적절하게 유지하여 피가 제대로
우리 몸을 순환하게 하며, 체온을 조절하는 등 아주 많은 일을 해요.
이렇게 물이 우리 몸에서 차지하는 비중은 아주 크다고 할 수 있어요.
여러분은 아침에 일어나자마자 마시는 냉수가 몸에 좋다는 말을
들어 보셨나요?
실제로 아침에 일어나자마자 마시는 물은 장운동을 활발하게
만들어 주기 때문에 변비에 좋아요.
하지만 사람에 따라서는 갑자기 찬물을 마실 경우 위경련을 일으킬
수도 있고, 설사나 소화 장애가 생길 수도 있어요.
아침 냉수가 변비에 좋기는 하지만, 위나 장이 약한 사람에게는
해롭다는 말이에요.
또한 우리는 음식을 통해서도 수분을 섭취하고 있기 때문에
일부러 많이 마실 필요는 없어요.

| 음식 | **12 무더운 여름에는 우리 몸속도 뜨거워진다고요?** |

가만히 앉아 있어도 땀이 팍팍 나는 여름에는
아이스크림이나 팥빙수처럼 차가운 음식으로 손이 먼저 가지요.
그래서 어떤 때는 아이스크림 2~3개를 그 자리에서 먹어
치울 때도 있어요.
"그렇게 찬 거 계속 먹다가는 배탈 난다."
"날이 더울 때는 시원한 음식을 먹어 몸속의 열을 내려 줘야 한다고요."
"무슨 소리! 여름에는 반대로 소화 기관의 온도가 내려간다고."
언뜻 생각하면 기온이 올라가면 체온이 올라가기 때문에
무더운 여름에는 우리 몸속의 내장도 뜨거워질 것 같아요.
뜨거운 내장을 식히려면 차가운 음식을 먹으면 좋을 거 같고요.
하지만 우리 생각과는 반대로 여름에는 우리 몸의 내장이
차가워진다고 해요.
이해가 되지 않는다고요?
우리 몸은 늘 정상 체온을 유지하려고 애를 써요.
무더운 여름의 경우 체온이 올라가기 때문에
정상 체온을 유지하기 위해 평상시보다 2~3배나 많은 땀을 흘리지요.

그러다 보면 바깥의 피부는 열이 발생해 뜨거워지고 몸 안은 반대로 차가워지는 거예요.
그런데 차가워진 내장 속에 계속해서 시원한 음식이 들어가면 어떻게 될까요?
우리가 먹은 음식물은 식도를 타고 위속으로 들어가 잘게 부서져 여러 가지 소화 효소들과 섞여 소화가 된 뒤 소장에서 영양분을 흡수하게 돼요.
그런데 차가운 음식을 계속 먹게 되면 자연히 소화 기관도 차가워지기 때문에 소화가 잘 안되어 설사를 하게 된대요.
소화기관은 약 40도 정도의 온도에서 가장 소화가 잘 되거든요.
그러므로 여름에 차가운 음식을 너무 많이 먹는 것은 좋지 않아요.

13

음식 | 마가린이 버터보다 칼로리가 낮고 살도 덜 찐다고요?

버터와 마가린은 모두 지방으로 만든 유제품으로 빵에 발라 먹으면 참 맛이 좋아요.
버터와 마가린은 비슷해 보이는데 뭐가 다른 걸까요?
버터는 동물성인 우유의 지방으로 만들고,
마가린은 식물성 식용유로 만들었다는 점이 가장 큰 차이점일 거예요.
그리고 마가린이 버터보다 가격이 좀 더 저렴하다는 것을 들 수 있어요.
마가린은 동물성 지방으로 만든 버터의 포화 지방산이 몸에 나쁘다는 걸 알고 버터 대용으로 만들어졌어요. 그래서 마가린이 버터보다 칼로리도 훨씬 낮고 몸에도 좋다고 알려져 있지요.
마가린은 우리 몸에 좋은 불포화 지방산이 많이 든 식물성 지방으로 만들었다니 맞는 말 같기도 해요. 하지만 마가린과 버터는 별 차이가 없어요.
마가린 역시 버터 못지않게 칼로리가 높고 비만에 걸리기도 쉽거든요.

14

초콜릿이 피로회복에 좋다고요?

음식

입안에서 살살 녹는 초콜릿은 정말 맛있지요?
독특한 초콜릿의 맛 때문인지 달콤함 때문인지 우리는 피곤할 때 초콜릿을 먹으면 피로가 풀린다고 알고 있어요.
실제로 몸이 나른하고 피곤할 때 초콜릿을 먹으면 금세 힘이 불끈 솟는 것 같은 기분이 들어요.
그런데 사실은 초콜릿은 일시적으로 피로가 회복되기는 하지만 그 뒤에는 오히려 더 피곤해질 수 있다고 해요.
초콜릿을 먹으면 혈액속의 포도당 수치가 올라가게 되는데 이때 순간적으로 피로회복이 된 듯하지만, 곧 당질이 에너지로 바뀌면 오히려 피로감이 커진대요. 대부분의 피로는 우리 몸에 젖산이라는 피로물질이 쌓여서 생기는 거예요.
젖산은 포도당을 분해할 때 생기는 물질로 스트레스를 받는다든지 심한 운동을 하다든지 하면 많이 생긴다고 해요.
이때는 젖산을 분해하는 구연산이 들어있는 사과나 귤 등을 먹는 것도 좋은 방법이에요.
하지만 무엇보다도 충분한 휴식을 취하는 것이 가장 좋겠지요?

| 음식 | **15 올리브유가 몸에 가장 좋은 기름이라고요?** |

올리브유는 올리브 나무의 열매에서 추출한 천연 식물성 기름으로 우리 몸에 좋은 불포화 지방을 많이 함유하고 있어요.
지방은 탄수화물, 단백질과 함께 우리 몸에 에너지를 공급하는 중요한 영양소예요. 지방에는 대개 상온에서 고체 상태로 있는 포화 지방과 액체 상태로 있는 불포화 지방이 있어요.
보통 동물성 기름에는 포화 지방이, 식물성 기름에는 불포화 지방이 많이 들어 있지요.
피가 우리 몸속 구석구석에 산소와 영양분을 공급하기 위해 순환한다는 것은 알지요?
포화 지방은 피가 다니는 길인 혈관을 좁게 만드는 나쁜 콜레스테롤이 주로 들어 있고, 불포화 지방은 혈관을 깨끗하게 청소해 주는 좋은 콜레스테롤이 많이 들어 있어요.
말하자면 동물성 지방을 먹으면 혈관이 막히기 때문에 건강이 좋지 않고, 식물성 지방을 먹으면 혈관이 깨끗해지고 피의 순환이 잘 되기 때문에 우리 몸에도 훨씬 좋다는 얘기이지요.
올리브유에는 이런 좋은 불포화 지방산이 많이 들어 있어서인지 우리 몸에 가장 좋은 기름이라고 알려져 있어요.
실제로 식물성 기름인 올리브유에는 콜레스테롤과 열량이
거의 없고 심장병과 동맥경화는 물론 암 예방에도 좋다고 해요.
하지만 올리브유보다도 더 많은 불포화 지방산이 들어있는
식물성 기름이 또 있어요.
바로 해바라기 기름과 콩기름이에요.
이들 기름에는 우리 몸에 좋은 불포화 지방산이
올리브유보다도 몇 배나 더 많이 들어 있다고 해요.

| 음식 |

16. 한약 먹고 무를 먹으면 머리가 희어진다고요?

"한약 먹는 동안 깍두기는 먹지 마라."
"깍두기를 왜 먹지 말라고 하는 건데요?"
"깍두기는 무잖니. 한약 먹을 때 무를 먹으면 머리가 희어진대."

한약을 먹을 때마다 가장 많이 들어 본 소리가 바로 무를 같이 먹지 말라는 말이에요. 한약과 무는 함께 먹으면 정말 머리가 희어지는 걸까요? 그러나 한약과 흰머리는 직접적인 관련이 없는 말이라고 해요. 다만 한약재에 쓰이는 숙지황이라는 약재와 무의 성질이 서로 상극이라 함께 먹으면 약효가 떨어질 수 있대요.

숙지황은 감초만큼이나 흔하게 한약재로 사용되는 재료인데 이 약재는 몸에 기운을 모으고 저장하는 성질이 있는 반면 무는 소화를 돕고 기운을 내리는 성질이 있거든요. 다시 말해 숙지황이 든 한약을 먹으면서 무로 만든 깍두기나 생채 같은 반찬과 함께 먹게 되면 약효가 떨어질 수 있으니 조심하라는 말인 셈이죠.

17

토마토에는 설탕을 뿌려서 먹어야 한다고요?

음식

"토마토에는 역시 설탕을 뿌려 먹어야 제 맛이라니까."
"모르는 소리! 토마토와 설탕은 궁합이 나쁘다던데?"
누구의 말이 맞는 말일까요?
토마토는 무기질과 칼슘, 비타민 B1 등 영양가가 많은 음식이에요.
그래서 고기 종류를 먹을 때 함께 먹으면 소화가 잘 되지요.
그런데 보통 토마토를 먹을 때 생각 없이 설탕을 뿌려 먹어요.
토마토는 다른 과일에 비해 단맛이 적기 때문에 설탕을 뿌리면 맛이
좋거든요. 하지만 토마토에 설탕을 뿌려 먹는 것은 좋지 않다고 해요.
토마토에 있는 비타민 B1이 손실되거든요.
비타민 B1은 설탕을 분해하는 일을 해요. 때문에 정작 제 역할을 하지
못하게 되므로 영양 손실이 이만저만 큰 것이 아니지요.
토마토는 가능한 그대로
먹는 것이 좋아요.

음식

검은 빵이 흰 빵보다 더 몸에 좋다?

"검은 빵은 색깔도 거무스름하고 맛도 거칠어서 맛이 없어요."
"하지만 흰 빵보다 검은 빵이 훨씬 몸에 좋단다."
건강에 대한 관심이 많아지면서 음식을 고르는 일도 몸에 좋은 것만 골라 먹는 사람이 많아요.
실제로 빵의 경우만 봐도 보기 좋은 하얀 빵보다는 검은 빵이 훨씬 영양가가 많다고 알려지면서 밀과 호밀을 섞어 만든 검은 빵이 몸에 좋을 것이라 생각을 해요.
하지만 실제로는 흰 빵이나 검은 빵이나 모두 밀과 호밀의 껍질을 벗기고 만들었기 때문에 영양학적으로 차이가 없어요.
혹시 현미와 백미의 차이를 알고 있나요?
똑같은 쌀이지만 현미는 겉껍질을 약간 벗긴 것이고 백미는 많이 벗겨 낸 것이에요.
씨앗의 경우, 겉껍질을 많이 벗기면 벗길수록 영양가가 떨어지기 때문에 현미가 훨씬 영양가가 높아요.
밀의 경우도 쌀의 경우와 마찬가지에요.
밀과 호밀도 벼나 보리처럼 먹기 힘든 겉껍질을 벗겨 낸 다음

밀을 빻아 가루를 내는데, 밀가루 색이 흴수록 밀의 겉껍질 부분을 많이 벗겨 낸 것이에요.
모든 씨앗에는 껍질 부분에 영양소들이 가장 많이 있다는 것은 알고 있지요?
일단 밀의 껍질을 벗기게 되면 껍질에 있는 비타민을 비롯한 여러 영양소들이 깎여 나가게 돼요.
그래서 밀과 호밀은 모두 껍질을 벗겨 냈기 때문에 영양적으로는 차이가 없는 거예요. 굳이 차이를 찾는다면, 호밀이 밀보다 씹는 맛이 좀 거칠고 식이섬유가 좀 더 많아요.
그렇다고 검은 빵과 흰 빵의 영양 차이가 많이 나는 것은 아니에요.
몸에 좋은 빵을 찾는다면 통밀로 만든 빵을 먹어 보세요.
통밀가루는 가공이 덜 된, 밀의 가장자리만 아주 조금 벗겨서 가루를 낸 것이기 때문에 칼로리와 탄수화물은 낮고 무기질과 비타민, 식이섬유가 풍부해요.

음식 — 19. 결명자를 먹으면 눈이 좋아진다고요?

결명자는 콩과에 속하는 식물의 열매로, 주로 볶아서 차로 마셔요. 이름에서 느껴지듯이 결명자는 눈을 맑게 해 준대요. 옛 문헌에 의하면 결명자는 눈이 아프고 충혈되는 것을 막아 눈을 맑게 하고 이뇨 작용이 뛰어나 변비에도 좋다고 나와 있어요. 그래서 사람들은 결명자를 볶아 차로 마시고, 베개에 넣어 베고 자기까지 했지요. 그럼 결명자가 이미 나빠진 눈에도 좋을까요? 아무리 눈에 좋은 결명자라 하더라도 이미 눈이 나빠진 사람이나 나이가 늘어 노안이 진행된 사람에게는 별 효과가 없어요. 또한 결명자의 성질이 차고 혈압을 낮추어 주기 때문에 혈압이 낮은 사람이나 몸이 찬 사람에게는 오히려 좋지 않다고 해요. 하지만 오랫동안 컴퓨터를 하거나 공부를 하는 학생의 경우 결명자차가 눈의 피로를 풀어 주기 때문에 마시는 게 좋을 것 같아요.

20. 영지버섯이 혈압을 낮춰준다고요?

음식

영지버섯은 한약재로 사용되는 몇 안 되는 버섯 중의 하나예요.
그 효능을 살펴보면, 영지버섯은 간을 해독하고 몸의 열을 내려 주는
성질이 있으며 면역력을 강화하고 항암 작용을 한다고 해요.
그런데 사람들은 영지버섯하면 특히 고혈압에 좋다고 알고 있어요.
그래서 영지버섯을 끓여 마치 물처럼 마시는 사람들이 많아요.
하지만 영지버섯은 혈압을 내리는 약재는 아니에요.
단지 영지버섯에는 라노스테롤이라는 성분이 들어 있는데
이 성분이 콜레스테롤의 흡수를 감소시킨다고 해요.
그래서 고혈압에는 영지버섯이 좋다는 말들을 하는데,
고혈압의 원인이 꼭 콜레스테롤만의 문제는 아니기 때문에
영지버섯을 고혈압 치료제처럼 생각하고 많이 먹어서는 안 되겠어요.
또한 우리 몸은 아무리 좋은 약이라고 많이 섭취를 해도
꼭 필요한 양만 흡수하고 배설을 하기 때문에 굳이 물처럼
매일 마실 필요는 없을 것 같아요.

21 음식 — 딱딱한 음식은 치아에 나쁘다고요?

"딱딱한 것을 많이 씹으면 치아가 상한대."
얼핏 생각하기에 딱딱하고 질긴 음식을 많이 먹으면 치아에 무리가 갈 것 같지요?
반대로 씹기 쉬운 부드러운 음식을 자주 먹는 게 치아에 좋을 것 같고요.
그러나 딱딱한 음식을 먹는 것이 치아의 건강에 좋다고 해요.
딱딱하고 질긴 음식은 여러 번 씹어야 하기 때문에
치아가 빨리 닳아서 좋지 않을 것 같다고요?
그러나 우리가 먹는 정도의 단단함 정도 가지고는 치아가 쉽게
닳지는 않아요. 오히려 딱딱한 음식은 치아와 잇몸에 자극을 주기
때문에 구강 건강에도 훨씬 좋다고 해요. 또한 잇몸의 염증을 막아
주어 잇몸을 튼튼하게 해 준대요. 잇몸이 튼튼하니까 잇몸이 받치고
있는 치아 역시 단단하겠지요?
무엇보다도 여러 번 반복해서 음식을 씹는 동작은 혈액 순환과
두뇌 활동도 좋게 한다고 해요. 몇 번 씹지 않아도 되는 부드러운
음식보다 먹기에는 좀 수고스러운 딱딱한 음식이 치아와 우리 몸에도
좋은 것이죠.

22. 위장병 환자는 죽만 먹어야 한다고요?

음식

"또 죽이에요?"
"위장이 좋지 않은 사람은 죽만 먹어야 한대."
"어차피 위속으로 들어가면 죽이 될 텐데 그게 무슨 소리예요?"
위장이 좋지 않은 사람은 죽만 먹어야 한다고 하지요?
하지만 위가 좋지 않다고 해도 죽만 먹어야 할 필요는 없어요.
우리 위에서는 음식물을 녹이는 위액이 나오기 때문에
대충 씹어 넘긴 음식도 위속에서는 죽 같은 상태가 된답니다.
아주 심한 상태의 환자가 아니라면 굳이 죽만 먹을 필요는
없다는 얘기이지요.
음식물을 녹일 정도의 위액인데 위까지 녹지는 않느냐고요?
걱정 마세요.
사람의 위는 위를 보호하는 점액질을 계속 분비하기 때문에
안전하답니다.

음식

23 지네가 허리 아픈데 좋다고요?

얼마 전, TV의 한 프로그램에서 어떤 분이 허리에 좋다고
지네를 잡아서는 날 것으로 꿀꺽 삼키는 모습을 보았어요.
수많은 다리를 가진 지네의 모습은 보기에도 징그러운데
그걸 허리에 좋다고 잡아먹는 모습은 정말 놀라웠지요.
그런데 이처럼 사람들은 허리가 아플 때는 지네를 먹으면 낫는다고 해요.
정말로 지네가 허리 아픈데 효과가 있을까요?
실제로 옛날부터 지네는 허리 아픈데 약으로 쓰여 왔어요.
하지만 허리가 아프다고 해서 함부로 지네를 약으로 쓰면 안 된다고 해요.
왜냐 하면 허리가 좋지 않은 원인은 아주 많기 때문에 무턱대고 지네를
먹는 것은 위험한 일이래요. 또한 지네는 독성과 매운 맛을 가지고
있기 때문에 담을 푸는 데는 효과가 있지만,
소화력이 떨어지거나 몸이 약한 사람에게는
오히려 해가 될 수 있거든요.

24 개똥을 약으로 먹었다고요?

음식

'똥'하면 어떤 생각이 떠오르나요?
더럽고, 냄새 나고, 하찮고, 쓸모없는 것······.
그런데 우리나라의 속담에 "개똥도 약에 쓸려고 하면 없다."라는 말이 있지요?
그럼 옛날에는 개똥도 약으로 쓰였다는 얘기가 되는 건가요?
사실 '개똥'하면 길바닥에 아무렇게나 굴러다니는 모습이 떠올라요.
이런 개똥이 정말 약으로 쓰였을까요?
한의서에 보면 수캐의 똥이 타박상이나 어혈(멍, 부딪치거나 맞아서 퍼렇게 맺힌 피)을 푸는데 약으로 쓰인다는 내용이 있기는 하지만, 타박상이나 어혈은 가만 내버려 두어도 시간이 지나면 저절로 낫는데, 굳이 냄새 나는 개똥을 정말 약으로 먹기야 했을까 하는 의문이 들어요.
그러므로 개똥은 정말 약으로 쓰였다기보다는
흔하디흔한 것이지만 막상 필요해서 찾으려고 하면
구하기가 어렵다는 속담으로 보면 좋을 것 같아요.

과학편

1. 벌이 침을 쏜 뒤에 죽는다고요?

과학

여러분은 벌하면 '꿀벌'만 있다고 생각하는 것은 아니지요?
곤충의 몸에 알을 낳아 번식을 하는 호리병벌, 모여서 사는 쌍살벌,
다른 벌을 공격해 잡아먹는 말벌 등 벌의 종류는 정말 많아요.
그런데 벌은 정말로 침을 쏜 뒤에는 모두 죽을까요?
거의 모든 벌들은 침을 쏜 뒤에도 죽지 않아요.
보통 갈고리 모양의 침을 가진 꿀벌 같은 종류의 벌들이 침을
쏜 뒤에 죽게 되는 것이죠.
꿀벌의 침은 다시 빠지지 않도록 뾰족한 갈고리 모양으로 되어 있어요.
그래서 침을 한번 쏜 뒤에는 침이 잘 빠지지 않아요.
그런데 신기한 것은 꿀벌의 침이 내장과 연결되어 있다는 것이에요.
꿀벌이 일단 침을 한번 쏘게 되면 피부에 박혀 잘 빠지지 않고
몸속에 남게 되지요.
그럼 뱃속의 장기들도 침과 함께 빠지기 때문에 죽게 되는 것이에요.
그러나 말벌과 호리병벌의 경우에는 피부에 침을 남기지 않기 때문에
계속 침을 쏠 수 있어서 침을 쏘고도 죽지 않아요.

과학

벼룩에게도 간이 있다고요?

"벼룩의 간을 빼 먹어라!"
우리가 흔히 사용하는 속담에 이런 말이 있지요?
벼룩은 사람이나 동물의 몸에 붙어 피를 빨아먹고 사는 아주 작은 곤충이에요.
벼룩의 몸길이는 1~3밀리미터 정도,
두 눈을 부릅뜨고 살펴봐야 겨우 보일 정도의 작은 크기이지요.
하지만 벼룩은 자기 몸길이의 100배를 뛰어오를 수 있을 정도로 점프를 잘한답니다.
이런 벼룩에게도 간이 있을까요?
동물의 간은 영양소를 생산하고, 저장하고 또 몸 안의 구석구석으로 영양분을 전달하고, 몸 안에 들어온 유해 물질을 분해하는 등의 많은 일을 한답니다.
말하자면 간은 인체의 화학 공장이라고 할 수 있는 것이지요.
하지만 곤충은 동물과 달리 간이 없답니다.
다만 동물의 간과 같은 기능을 몸 안의 다른 기관이 담당하고 있을 뿐이지요.

곤충의 몸 안에는 소화관과 기관, 혈액에 있는 효소, 말피기관이 있어서 동물의 간과 같은 역할을 하는 것입니다.
그럼 벼룩에게는 간이 있을까요?
만약 벼룩에게 간이 있다면, 벼룩의 몸집이 워낙 작기 때문에 아주 아주 작을 거예요. 하지만 벼룩은 곤충이므로 간이 없답니다.
그런데 왜 이런 말이 생긴 것일까요?
벼룩이 워낙 작으니, 벼룩의 간이란 말은 아주 아주 작은 것을 의미하는 말로, 작은 이익을 얻으려고 아주 치사하게 행동하는 사람에게 빗대어 쓰인 것 같아요.
잊지 마세요! 벼룩에게는 간이 없다는 사실을!!

3. 참새의 몸은 감전이 되지 않는다고요? — 과학

참새들이 앉아 있는 고압선은 6,900V의 어마어마한 전압이 흐르는 전깃줄이에요.
사람들은 높은 전류가 흐르는 전선을 만지면 감전이 된다던데 참새는 어떻게 멀쩡한 걸까요?
혹시 참새의 몸은 감전이 되지 않는 것은 아닐까요?
감전이란 사람이나 새의 몸에 전류가 흘러 충격을 주는 것을 말해요.
전류가 흐르기 위해서는 양극과 음극이 필요하겠지요.
그런데 참새가 앉아 있는 전깃줄은 한 종류의 전기만 흐르므로 감전이 되지 않아요. 참새의 두 발이 같은 줄에 닿아 있기 때문에 전류가 흐를 수가 없는 것이죠.
만약 참새가 양 발을 펴서 반대편의 전기줄에 발이 닿는다면 어떻게 될까요?
양쪽 고압선을 동시에 건드린다면 참새 역시 감전이 되어 죽고 말 거예요. 말하자면 참새의 몸이 특별해서 감전이 안 되는 것은 아니라는 얘기지요.

개가 가장 영리한 가축이라고요?

과학

개는 인간과 가장 친한 동물이에요.
늘 인간의 곁에서 가장 사랑을 받는 동물이기도 하지요.
그런데 옛날부터 충성스럽고 영리한 개 이야기를 많이 들어서일까요?
개가 가장 영리한 동물이라고 생각하는 사람이 많아요. 물론 개의
종류에 따라서 지능도 많은 차이를 보여요. 우리나라의 토종개인
진돗개 같은 경우는 아주 오랜 옛날부터 영리하기로 소문난 개이지요.
그런데 하버드 대학의 동물학자 윌슨이 작성한 포유 동물의 지능
리스트를 보면 개는 원숭이, 돌고래, 코끼리, 돼지 다음으로 머리가
좋대요. 개는 가장 영리한 가축이 아니라는 말이에요.
가장 영리한 가축은 돼지예요. 실제로 돼지는 지능이 뛰어나
잠자리와 배설을 하는 공간을 확실히 구분하여 사용할 줄 알아요.
또한 자신들의 감정을 표현하는 언어 능력을 가지고 있다고 해요.
아플 때와 놀랬을 때, 만족감을 느낄 때 등 상황에 따라 여러 소리를
내는 것이지요. 어때요?
이만하면 돼지가 영리한 동물이라는 거 이해가 되셨지요?

5. 잠을 가장 많이 자는 동물이 돼지라고요?

과학

"돼지처럼 먹고 잠만 자니?"
보통 우리는 게으른 사람을 비유할 때 이렇게 말해요.
그도 그럴 것이 돼지는 끼니 때마다 인간이 먹을 것을 가져다 주니까 굳이 먹을 것을 구하러 다닐 필요도 없고, 우리 안에서만 살기 때문에 상대적으로 안전해서인지 먹고 자는 일만 해요.
그래서 우리는 보통 동물 중에서 돼지가 가장 잠을 많이 잘 것이라 생각을 해요.
그럼 정말로 돼지가 가장 잠을 많이 자는 동물인지 한번 알아볼까요?
돼지는 하루 평균 12시간 정도를 잠을 자요.
개나 고양이의 경우는 돼지보다 많은 13시간 정도를 잠을 자고요.
나무늘보는 18시간~20시간, 코알라는 20시간 정도 잠을 잔대요.
하루 20시간을 잠을 잔다면 먹는 시간을 빼고는 거의 잠만 잔다고 봐도 되겠지요?
어때요?
이제 알고 보니 진짜 잠보는 돼지가 아니라 주로 나무 위에서 생활하는 동물들이었네요.

하지만 더 놀라운 건 동물 중에서 가장 잠을 많이 자는 동물이
바로 동물의 왕이라고까지 불리는 사자라는 거예요.
사자는 먹잇감을 잡아먹고 이틀 정도를 계속해서 잠을 잔다고 해요.
믿지 못하겠다고요?
동물과 잠과의 관계는 자연 상태에서 어떤 위치에 있느냐에 달려 있어요.
예를 들어 천적이 많은 약한 동물의 경우는,
천적의 눈을 피해 다녀야 하기 때문에 마음 놓고 잠을 잘 수가 없겠죠?
반면 다른 동물들의 위협을 거의 받지 않는 동물이나
상대적으로 먹이를 구하기가 쉬운 동물, 그리고 높은 나무에서 사는
동물들은 안심하고 잠을 푹 잘 수 있는 거예요.

과학

6 하이에나는 썩은 고기만 먹는다고요?

하이에나는 썩은 고기를 먹는 동물로 유명해요.
그래서 '청소부'라는 별명이 붙었지요.
하이에나는 왜 싱싱한 고기를 놔두고 썩은 고기만 먹는 걸까요?
일부러 썩은 고기를 찾아다니는 것은 아닐까요?
그런데 하이에나는 썩은 고기만 찾아다니는 것은 아니라고 해요.
하이에나 역시 다른 동물들처럼 먹이를 구하러 다니며
직접 사냥을 해서 먹는대요.
TV의 다큐프로그램을 보면 하이에나가 누를 사냥하는 모습을
종종 볼 수 있어요.
보통 하이에나가 찌꺼기를 먹기 때문인지 사냥을 못할 거라 생각하지만
하이에나 역시 다른 동물들처럼 사냥도 잘한다고 해요.
그럼 왜 하이에나가 썩은 고기만 먹는다고 알려졌느냐고요?
사냥감을 찾아다니다가 다른 동물들이 먹다 남은 찌꺼기나
썩은 고기를 발견하면 하이에나는 그냥 지나치지 않고 그것을 먹는대요.
하이에나의 몸은 썩은 고기를 먹어도 탈이 나지 않기 때문이죠.

7 낙타는 혹이 두 개라고요?

과학

사람은 물을 마시지 못하면 견디지 못하지만
낙타는 물을 먹지 않고도 2주 이상을 견딜 수 있을 정도로
사막 같은 물이 귀한 곳에서는 아주 귀중한 동물이에요.
낙타가 사막에서 이렇게 물을 마시지 않고도 견딜 수 있는 것은
바로 등 위의 혹 때문이지요.
이 혹 속에는 물이 들어 있을 거라고 생각들을 하지만 지방이
들어 있어요.
낙타는 혹 속의 지방을 분해해서 물을 얻는 것이지요.
그래서 물을 마시지 않으면 혹이 점점 줄어들어요.
그런데 모든 낙타가 등에 혹을 두 개 가지고 있는 것은 아니에요.
혹이 두 개인 쌍봉낙타가 있는가 하면, 혹이 하나인 단봉낙타도
있거든요.
주로 단봉낙타는 발바닥이 여해서 아라비아 같은 사막에 살고,
쌍봉낙타는 발바닥이 강해서 바위나 자갈이 많고 풀이 있는
초원에 살아요.

과학

8 고래가 물을 내뿜는다고요?

고래가 물 밖으로 나왔을 때 콧구멍에서 마치 분수처럼 물이 뿜어져 나오는 모습을 본 적이 있나요?
그런데 고래가 내뿜는 것은 물이 아니라 공기라고 해요.
공기를 내뿜는데 왜 물을 내뿜는 것처럼 보이는 걸까요?
고래는 물 속에 살고 있기는 하지만 포유 동물이지요.
물고기는 아가미로 숨을 쉬고 포유 동물은 폐로 숨을 쉬는 것은 알고 있지요? 그래서 고래는 콧구멍을 통해 폐로 숨을 쉬어요.
고래의 콧구멍은 물 속에 있을 때는 닫혀져 있기 때문에 물이 들어가지 않지요. 하지만 아가미가 없기 때문에 숨을 쉬기 위해 물 밖으로 자주 나와야 해요. 고래는 물 밖으로 한번씩 나올 때마다 콧구멍으로 수증기를 머금은 따뜻한 공기를 뱉어요. 이때 콧구멍에서 나온 공기가 찬 공기와 만나 물방울로 변하는 것이지요. 그래서 멀리서 바라보면 고래가 마치 물을 내뿜는 것처럼 보이는 것이에요.

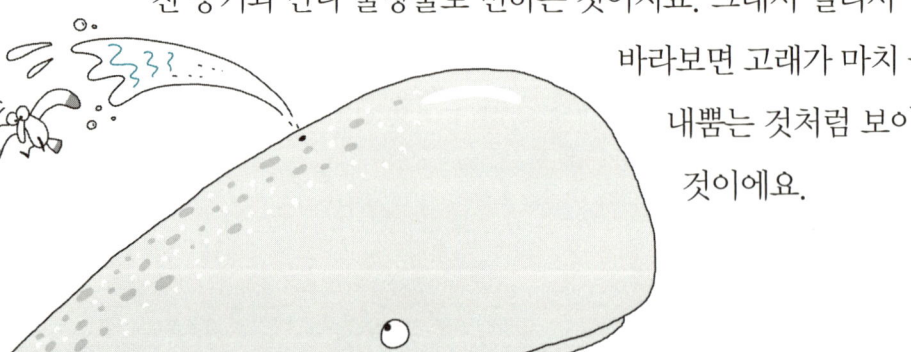

9 하루살이는 하루밖에 안 산다고요?

과학

하루살이라는 이름에서 알 수 있듯이 하루살이는 아침에 태어났다가 저녁에 죽은 곤충이에요.

그래서 많은 사람들이 하루살이는 하루밖에 살지 않는다고 알고 있어요. 하지만 이 말은 엄밀히 말하면 틀린 말이에요.

물론 하루살이가 어른벌레가 되어서 지내는 시간은 겨우 하루뿐이지요. 하지만 알에서 깨어나 어른벌레가 되기까지 하루살이는 평균 1~3년을 애벌레로 보내요. 말하자면 하루살이의 실제 수명은 1~3년이 되는 거지요. 그리고 어른벌레가 된 뒤에도 꼭 하루만 사는 것은 아니에요. 종류에 따라 2~3일에서 일주일까지 사는 것도 있거든요.

그런데 신기한 것은 어른벌레가 되어 사는 동안 아무것도 먹지 않는다고 해요. 아니, 입이 퇴화되어 없기 때문에 애벌레 시절에 저장한 영양분만으로 생활하며 오로지 자손을 퍼뜨리기 위해 짝짓기와 알 낳기만 하고는 바로 죽는대요.

과학

10. 타조는 대단한 잡식성으로 뭐든 먹어치운다고요?

타조는 현재 살아 있는 조류 중 가장 큰 새로
날개가 퇴화하여 날지 못하고 땅에서 살고 있어요.
큰 수컷의 경우, 머리 높이까지의 길이가 약 2.5m, 몸무게 150kg
정도로 엄청난 덩치를 자랑하고 있지요.
타조는 덩치가 커서일까요? 아무것이나 잘 먹는 식성으로도 유명해요.
풀잎, 곤충, 열매, 작은 동물에서 심지어 돌과 자갈, 쇠붙이까지
먹는다고 해요.
그래서 '타조' 하면 대단한 잡식성이라 알려졌어요.
그런데 타조가 잡식성이어서 아무거나 먹어 치우는 것이 아니라
소화를 돕기 위해 돌이나 자갈 같은 딱딱한 것을 삼키는 것이라고 해요.
타조는 다른 동물들과는 다른 소화 구조를 가지고 있어요.
근위에서 자갈을 마찰시켜 소화를 시키는 유별난 소화 구조이지요.
그래서 타조를 키우는 농장에서는 타조가 먹을 수 있도록
먹이통 주변에 돌과 자갈을 깔아 놓는다고 해요. 물론 새끼였을 때는
작은 자갈을, 자랄수록 좀 더 큰 자갈을 놓아 준대요.

11 개와 고양이는 원수지간이라고요?

과학

한집에 같이 사는 개와 고양이는 만나면 의례 으르렁대고
싸우는 사이예요.
하지만 이것은 개와 고양이가 원수지간이기 때문이 아니라
서로 기분을 나타내는 표현 방식이 다르기 때문이랍니다.
예를 들어 개는 기분이 좋으면 꼬리를 흔드는데
고양이는 개와 반대로 화가 날 때 꼬리를 세우고,
개는 화가 나면 으르렁거리는데 고양이는 기분이 좋을 때
으르렁거리지요.
말하자면 개와 고양이가 서로 상대방을 오해를 하는 것이지요.
그러니 만나기만 하면 싸울 수밖에요.
하지만 이렇게 기분을 표현하는 방법이 다른 개와 고양이라도
어려서부터 같이 지내다 보면 사이좋게 지내는 경우가 많답니다.
함께 지내는 시간이 길어지면서
기분을 표현하는 방식이 비슷해지기 때문이지요.

과학

12 모든 원숭이는 바나나를 좋아한다고요?

원숭이를 떠올리면 함께 생각나는 것이 바로 바나나예요.
그만큼 원숭이들이 바나나를 좋아한다는 것은 널리 알려진 사실이지요.
바나나가 열대성 식물이고, 원숭이들이 주로 열대 지방에 살고 있는
것을 보면 원숭이가 왜 바나나를 좋아하는지 그림이 그려지지요?
물론 모든 원숭이들이 바나나 같은 과일만 먹는 것은 아니에요.
다양한 종류만큼이나 식성도 달라서 곤충류나 식물 같은 것을
먹기도 하고 심지어는 작은 동물을 잡아먹는 원숭이도 있어요.
바로 비비원숭이라 불리는 원숭이지요.
비비원숭이는 열매나 곤충을 주로 먹지만 토끼나 작은 동물을
잡아먹기도 한대요.
그렇지만 대부분의 원숭이들이 바나나 같은 과일을 제일 좋아해요.
그런데 신기하게도 바나나를 싫어하는 원숭이가 있다고 해요.
그 주인공은 바로 코주부원숭이예요.
코주부원숭이는 말레이시아 보르네오 섬에 살고 있는
긴꼬리 원숭이과의 포유류로 두툼하게 살찐 코를 가지고 있어요.
코주부원숭이의 코는 소리를 지르면 우뚝 서고,

화가 났을 때는 빨개진다고 해요.
"그보다도 코주부원숭이는 바나나를 먹지 않는다던데?"
"원숭이가 바나나를 먹지 않으면 도대체 뭘 먹는다는 거야?"
"과일 속의 당분이 몸에 좋지 않기 때문이래."
무슨 소리냐고요?
정말로 코주부원숭이는 바나나를 먹지 않는다고 해요.
하지만 보통의 원숭이들은 바나나뿐만 아니라 단맛이 나는 과일들을 무조건 좋아하는데 코주부원숭이는 조금이라도 단맛이 나면 전혀 입도 대지 않는다고 해요. 그럼 무얼 먹느냐고요?
어린 나뭇잎 같은 식물을 주로 먹는대요.

13 까마귀는 불길한 새라고요?

과학

'까아악 깍 까아악 아악 깍.'
울음소리부터가 왠지 기분이 나쁜 까마귀 소리예요.
까마귀는 옛 속담에도,
"까치가 울면 반가운 손님이 올 징조이고, 까마귀가 울면
불길한 징조"라는 말이 있듯이 예로부터 불길한 새로 여겨져 오는
새이지요. 하지만 원래부터 까마귀가 불길한 새였던 것은 아니에요.
고대에는 삼족오(세 발 달린 까마귀)라 하여 까마귀를 태양을
상징하는 새라 불렀거든요.
그러던 것을, 시체 냄새를 귀신같이 알고 찾아오는 까마귀의 습성
때문에 사람들은 까마귀를 불행을 가져 오는 새로 생각하게
되었다고 해요. 하긴 까마귀만 울면 누군가 죽어나가니까
까마귀가 찾아와 우는 것이 반가울 리가 없겠죠.
그렇지만 이런 이유로 까마귀를 불길하다고 생각할 필요는 없어요.
일본 같은 나라에서는 오히려 까마귀를 길조로 여기기도 하거든요.

14. 차가운 물이 뜨거운 물보다 더 빨리 언다고요?

과학

차가운 물과 뜨거운 물 중 어떤 것이 먼저 얼까요?

차가운 물이 0℃에 더 가깝기 때문에 더 빨리 얼 것 같다고요?

그런데 물의 온도가 높은 따뜻한 물이 훨씬 더 빨리 얼음이 된답니다.

못 믿겠다고요?

그럼 실험을 해 봅시다.

먼저 얼음을 만드는 그릇을 두 개 준비하여 한쪽에는 차가운 물을

또 다른 한쪽에는 뜨거운 물을 준비합니다.

그리고는 냉동실에 넣고 관찰을 해 보세요.

놀랍게도 차가운 물보다 뜨거운 물이 빨리 언다는 것을 확인할 수

있을 거예요.

0℃에 가까운 차가운 물보다 뜨거운 물이 더 빨리 얼음이 된 이유가

궁금하다고요? 물이 얼려면 물의 온도가 0℃ 이하로 내려가야 하겠지요?

그런데 차가운 물보다는 뜨거운 물이 열을 빨리 잃어버려요.

즉, 뜨거운 물은 증발되면서 온도가 급격히 떨어져 먼저 얼음이

되는 것이에요.

15 과학

펭귄은 남극에서만 산다고요?

남극하면 제일 먼저 떠오르는 게 있나요?
거대한 빙산과 바다에 떠 있는 얼음들, 그리고 하얀 눈,
거기에 뒤뚱대며 걷는, 귀엽게 생긴 펭귄이 떠오르지 않나요?
펭귄은 물속에서 주로 먹이를 구하면서 살다 보니
날개가 지느러미로 진화하여 날지는 못하지만
분명히 새랍니다.

그래서 바다 속에서 헤엄치는 모습을 보면
영락없이 새가 하늘을 날아다니는 모습 같다나요?
게다가 펭귄은 날개 지느러미를 이용하여 헤엄을 치는데
자기 몸의 260배인 수심 130m 깊이까지 잠수를 할 수 있대요.
아무튼 '펭귄'하면 남극을 대표하는 새라고 할 수 있어요.
그러나 펭귄이 남극을 대표한다고 해서 남극에만 펭귄이 있는 것은
아니에요. 지구 곳곳에는 17종의 펭귄이 살고 있어요.
물론 대부분이 남극 주변의 섬에 살고 있지만,
갈라파고스펭귄 같은 경우는 적도 바로 아래 살기도 하고,
자카스펭귄은 아프리카의 남서쪽 해안 지역에 살고 있어요.
이 외에도 검은발펭귄과 페루펭귄 역시 남아프리카의 남쪽과
남서쪽 해안 같은 열대 지방에 살고 있어요.
펭귄은 추운 극지방에만 산다고 생각했는데 정말 놀랍다고요?
더운 날씨에 맞게 이곳에 사는 펭귄들은 남극에 사는 펭귄들과는
다르게 덩치도 훨씬 작고 귀엽게 생겼다고 해요.
펭귄이 이렇게 남극이 아닌 적도나 열대 지방에 살게 된 것은
먹이와 관련이 많아요. 이들 해변에는 남극 못지않게 물고기나 새우,
플랑크톤 같은 양분이 풍부하거든요.

16 과학

종이로 만든 그릇으로 물을 끓이면 종이가 먼저 탄다고요?

만약 종이로 만든 그릇으로 물을 끓이면 어떻게 될까요?
"그야 종이가 먼저 타 버리겠지."
"천만의 말씀! 물이 먼저 끓는다니까."
도대체 누구의 말이 맞는 걸까요?
물론 종이만 태운다면 종이가 먼저
타겠지만 종이 안에 물이 들어 있기
때문에 물이 먼저 끓는답니다.
참고로 어떤 물질이 타기 위해서는,
발화할 물질과, 산소와 발화점 이상의 온도가 있어야 한답니다.
예를 들어, 종이를 태우려면 종이가 탈 수 있는 온도까지 높여
주어야 하겠지요?
그런데 종이의 발화점은 400~450도예요.
물은 100도면 끓기 때문에 종이의 열이 물로
옮겨가 물이 먼저 끓게 되는 것이지요.

17. 단맛은 혀끝에서 느끼는 것이라고요?

과학

"단맛은 어디에서 느끼는 걸까?"
"그야 혀의 맨 끝에서 느끼는 거지."
"그럼 신맛은?"
"혀의 양쪽에서 느낄 수 있어."

보통 우리는 "단맛은 혀끝, 신맛은 혀 양쪽, 짠맛은 혀 가장자리, 쓴맛은 혀 뒤에서 느낀다."라고 알고 있어요.
혀의 위치에 따라 특정한 맛을 느끼는 미각 세포가 따로 있다는 말이지요. 그런데 이것은 잘못된 상식이에요.
우리가 알고 있는 혀지도는 20세기 초부터 알려졌던 것인데, 이것은 19세기 말의 연구 결과를 잘못 해석해서 그렇게 된 것이래요.
이 같은 사실은 미국 로버트 마골스키 교수에 의해 밝혀졌는데, 혀의 위치마다 맛을 느끼는 세포가 따로 있는 것이 아니라 단맛이든 쓴맛이든 짠맛이든 신맛이든 모든 맛은 혀 전체에서 느낄 수 있다는 것이에요.

내가 잘못 알고 있었구나!

18 명왕성은 항상 태양에서 가장 멀리 떨어져 있다고요?

 과학

태양에서 가까운 행성들을 순서대로 말하라고 하면
누구나 '수성·금성·지구·화성·목성·토성·천왕성·해왕성
·명왕성'의 순서대로 대답을 할 거에요.
그처럼 태양계 행성들의 순서는 너무 잘 알려져 있지요.
태양계의 행성들을 순서대로 보자면, 명왕성은 늘 태양의 가장
바깥쪽에 있어요.
하지만 명왕성이 늘 태양의 바깥에 있는 것은 아니에요.
해왕성보다 명왕성이 태양에 더 가까이 올 때도 있거든요.
실제로 1979년부터 명왕성은 해왕성보다 더 가까워졌어요.
그 뒤 명왕성은 더 태양에 가까워졌고, 1999년까지 이런 상태는
계속되었어요. 말하자면 '수성, 금성, 지구, 화성, 목성, 토성,
천왕성, 명왕성, 해왕성'의 순서가 된 것이죠.
그러나 명왕성은 1999년 2월에 다시 태양에서 멀어져 해왕성보다
멀어지기 시작했어요.
어떻게 그럴 수가 있느냐고요?
사실, 행성의 순서가 바뀌는 것은 오직 명왕성과 해왕성뿐이에요.

이것은 해왕성의 궤도는 원에 가까운 모양이고,
명왕성의 궤도는 크게 일그러진 타원 모양이기 때문에 가능한
일이에요. 또한 과학자들의 연구에 의하면 명왕성이 태양을
두 바퀴를 돌면 해왕성은 꼭 세 바퀴를 돈대요.
그래서 해왕성이 태양 가까이 있을 때는 명왕성이 더 떨어져 있고,
명왕성이 가까이 있을 때는 해왕성이 멀어져 있는 것이죠.
이제 명왕성이 항상 태양계의 맨 꼴찌 행성은 아니라는 거 잘 아셨죠?

과학

19. 삶은 달걀은 콜라병처럼 작은 병 속에 절대 들어갈 수 없다고요?

"삶은 달걀을 콜라병 속에 넣을 수 있을까?"
"달걀 크기가 병 입구보다 훨씬 큰데 어떻게 병 속에 들어가겠어?"
도저히 불가능한 일처럼 보이지만,
과학을 이용하면 삶은 달걀을 충분히 병 속으로 넣을 수 있어요.
먼저 콜라병에 불타는 종이를 넣은 다음,
껍질을 벗긴 달걀을 병 입구에 놓아 두어요.
그러면 병 속의 공기는 뜨거워져 팽창을 하겠지요?
이때 정말 놀라운 일이 벌어져요.
콜라병의 입구보다 훨씬 큰 달걀이 쏙하고 병 속으로 들어가는
것이지요. 어떻게 이런 일이 가능하냐고요?
병 속에는 공기가 들어 있는데 달걀로 병 입구를 막아 버리면
종이가 타면서 병 속의 공기가 아주 적어져요.
이때 달걀 때문에 안쪽으로 들어가지 못한 바깥 공기가
상대적으로 공기가 적어진 병 속으로 밀어서 달걀이 병 속으로
빠지는 것이에요.

바닷물이 파란색이라고요?

과학

파도가 넘실대는 바다를 상상해 보세요.
파란 바닷물이 출렁이는 바다를 떠올리게 되지요.
그런데 바닷물은 분명 파란색인데 물을 떠서 보면
보통의 물색과 같아요. 바닷물은 파란색이 아니었던 것이에요.
그런데 왜 파랗게 보이는 것일까요?
우리 눈에 보이는 모든 색은 그 물체가 어떤 파장의 빛을 흡수하고
또 반사하는가에 따라 달라져 보여요.
붉은빛이나 노란빛은 바닷속 깊이까지 투과하지 못해요.
다만 파란색의 경우는 훨씬 깊은 데까지
투과되어 흩어지기 때문에 우리 눈에
파랗게 보이는 거예요. 만약
파란 빛이 흩어지지 않았다면
검은색 바다로 보이겠지요?
다만 바닷속 식물인 플랑크톤의
색깔에 의해 바다색이 조금은
다르게 보일 수는 있어요.

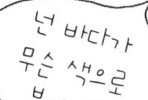

넌 바다가 무슨 색으로 보이니?

21 과학

남극지방에는 꽃이 피지 않는다고요?

"남극은 풀 한 포기 자라지 않는 곳이야!"
"천만에! 남극에도 분명 식물이 있어. 게다가 꽃도 핀대."
"뭐라고? 무슨 그런 엉터리 같은 소리가 있어?"
이렇게 누구나 남극에는 식물이 살지 않을 거라고 생각해요.
솔직히 얘기해서 남극은 도저히 식물이 살 만한 곳은 아니지요.
눈과 빙하로 둘러싸인 남극은 식물뿐만 아니라 동물들이 살기에도
너무 힘든 땅임에 틀림없으니까요.
그래서 유일하게 남극에는 펭귄만이 살고 있잖아요.
사실, 북극과 달리 남극에는 나무 한 그루 자라지 못해요.
그럼 식물이 아예 살지 않느냐고요?
물론 남극에도 식물은 살고 있어요. 그런데 대부분의 식물이
이끼류 같은 선태식물이지요.
이끼류는 바위에도 붙어사는 생명력이 강한 식물이에요.
그래서 남극에도 햇빛이 비치는 바위 표면에는 이끼류가,
얼음 아래에서는 옅은 갈색의 얼음조류가,
눈 위에서는 연녹색의 눈 조류가 살고 있어요.

남극 반도에 있는 그레이엄랜드만 해도 지의류와 선태류가 각각 350종, 75종이 있어요. 이처럼 남극은 지의류와 선태류들이 사는 땅이라고 할 수 있어요. 그런데 이들 식물 외에도 남극에는 유일하게 꽃이 피는 식물이 있다고 해요.

풀 한 포기 제대로 자라지 않을 것 같은 남극에 꽃이 피는 식물이 있다니 정말 신기하지요?

비교적 기후 조건이 좋은 남극 반도에 있는 식물인데, 데스캄프시아 안타르티카라는 풀과 콜로반투스 퀴텐시스라는 식물이 바로 그것이에요. 두 식물은 남극에서 유일하게 꽃이 피는 식물로 남극의 자랑거리라고 할 수 있어요.

냉장고 문을 열어 두면 방안의 온도가 내려간다고요?

무더운 여름날, 냉장고 문을 열어 놓으면 어떻게 될까요?
"냉장고 안에서 시원한 냉기가 나와서 시원할 거예요."
"천만에 곧 찜질방이 되고 말걸."
땀이 푹푹 나는 날, 물을 마시기 위해 냉장고 문을 한번씩 열어 보면
시원한 냉기가 정말 몸속까지 느껴지지요?
그럼 냉장고 안이 시원하니까 냉장고 문을 열어 둔다면
방 전체가 시원해지지는 않을까요?
그런데 오히려 시간이 지날수록 방 안의 온도가 올라간다고 해요.
이해가 되지 않는다고요? 물론 처음에는 냉장고에서 시원한 냉기가
나와서 정말 시원해요.
하지만 곧 방 안의 더운 공기가 냉장고 안으로 들어가기 때문에
냉각 장치가 쉴 새 없이 돌게 될 거예요.
그러다보면 냉각 장치가 돌아가면서 나는 열 때문에
곧 방 안의 온도도 올라가게 되는 거예요.

23. 사해에는 생물이 살지 않는다고요?

과학

사해는 아라비아 반도의 북서쪽에 있는 바다로 염분 농도가 아주 높아 생물이 거의 살지 않기 때문에 죽음의 바다로 불리고 있어요.

사해의 염도는 약 25%, 보통 바닷물의 농도가 4~6%인 걸 보면 사해는 보통 바닷물의 5~6배나 염도가 높은 바다예요.

그래서 옛날부터 사해에 들어가면 사람 몸이 저절로 둥둥 떠 있는 걸로 유명해요.

사해가 이렇게 염도가 높은 것은 지형과도 관련이 있다고 해요. 주변이 육지로 둘러싸여 있다 보니 사해의 물은 들어오면 나갈 곳이 없거든요. 거기에 이 지역의 기후가 매우 건조한 기후이다 보니 들어오는 물의 양과 비슷한 양의 수분이 증발하면서 염분 농도가 높아질 수밖에 없는 것이죠.

하지만 사해에 생물들이 하나도 살지 않는 것은 아니에요. 다양한 미생물과 바닷게, 그리고 염분이 있는 곳에서도 잘 사는 염생식물들이 살고 있대요.

24 안개와 구름이 생기는 원인이 같다고요?

과학

안개와 구름은 모두 수증기가 작은 물방울로 되어 공기 중에
떠 있는 것이라고 말할 수 있어요.
다만 땅 가까이에 있는 것은 안개이고 하늘 가까이에 있는 것은
구름이라고 말할 수 있을 거예요.
그럼 안개와 구름이 만들어지는 원인도 같을까요?
엄밀히 말하자면, 안개와 구름이 생기는 과정은 서로 달라요.
구름은 상승 기류에 의한 냉각에 의해, 안개는 증발에 의해 생기거든요.
좀 더 자세히 설명을 하자면, 구름은 지표면에 있던 더운 공기가
위쪽으로 올라가면서 생겨요.
상승한 공기는 팽창을 하게 되고 기온이 낮아지면서
공기 중에 들어 있던 수증기와 엉기어 물방울이 되는 거지요.
이런 물방울들이 모인 것이 바로 구름이에요.
안개는 물이 수증기가 되어서 생기는 것이에요.
보통 기온이 내려가면 주변의 온도가 차가워져요.
강이나 냇물이 있는 곳에서는 주변 온도가 내려가더라도
낮 동안에 태양열로 인해 올라간 물 온도는 쉽게 내려가지 않고

물방울이 증발이 되는데, 이때 차가워진 주변 공기가 수증기와
엉기어 작은 물방울을 만들어요.
이것이 바로 안개예요.
그런데 안개는 해가 뜨면 증발을 하기 때문에 사라져 버리지요.
안개와 구름의 차이점은 물방울의 크기에서도 살펴볼 수 있어요.
안개는 구름과 비교해서 30배 정도 더 커요.
그래서 안개는 낮은 곳에 구름은 높은 곳에 있다고 보시면 돼요.

과학 | **25 번개는 가장 높은 데서만 친다고요?**

'번쩍.'
'우르르 쾅! 쾅!'
천둥 번개가 요란하게 치는 날은 밖에 나가기가 너무 겁나지요?
괜히 돌아다니다 벼락이라도 맞으면 큰일이잖아요.
번개가 가지고 있는 전기 에너지는 엄청나서 집 한 채를 순식간에
홀라당 태워 버릴 정도예요.

에그머니나?
이게 웬 날벼락이야?

우리는 보통 번개는 피뢰침이나 나무 등 높은 곳에 내리치는 걸로 알고 있어요. 하지만 번개가 칠 때 안전한 곳은 없어요.
번개는 높은 곳에만 내리치는 게 아니라 골프장 같은 평지에서 떨어질 수 있거든요.
또 넓은 들판에서도 의외로 높은 나무에 떨어지는 것이 아니라 들판에 번개가 떨어지기도 해요.
물론 번개가 높은 곳에 내리칠 가능성이 크지만 그렇다고 안심할 수는 없다는 말이에요.
그럼 번개는 왜 치는 걸까요?
번개는 구름에 의한 일종의 불꽃 방전 현상이라고 할 수 있어요.
번개를 만드는 구름은 주로 여름철에 소나기를 몰고 다니는 시커먼 구름이에요.
이 구름 속에는 얼음 결정과 물방울들이 있는데 이것들이 서로 충돌하면서 정전기가 일며 양전기(+)와 음전기(−)를 만들어요.
그런데 구름에는 수많은 물방울들이 있기 때문에 발생하는 정전기의 양도 대단하겠지요?
그러면 이때부터 구름 속의 음전기와 양전기가 서로 부딪치면서 번개가 발생하는 것이에요.
번개는 구름과 구름 사이, 구름과 땅 사이에서도 발생해요.

1 자유의 여신상이 뉴욕에 있다고요?

역사

오른손에 횃불을 들고 왼손에는 독립선언서를 들고 있는 커다란 '자유의 여신상'을 알고 있나요?
사실 '자유의 여신상'은 뉴욕에 있는 것이 아니에요.
정확히 말해서 미국 뉴저지 주의 리버티 섬에 있어요.
그런데도 우리는 뉴욕에 있다고 생각들을 해요.
리버티 섬에 세워진 자유의 여신상은 1884년 프랑스가 미국 독립 100주년을 기념하여 국민의 모금으로 만들어서 미국에 기증한 것이에요.
세계 유산 목록에 등록되어 있을 만큼 유명한 '자유의 여신상'은 프랑스의 조각가 바르톨디가 자신의 어머니를 모델로 만들었다고 하는데, 횃불까지의 높이가 약 46미터, 무게 약 250톤으로, 안쪽에 엘리베이터가 설치되어 여신의 머리 부근까지 올라갈 수 있대요.
꼭대기까지 올라가는 데 약 3시간이 걸리는데 계단이 좁고 경사가 심해서 조금 위험하다고 해요.

역사

거북선이 철갑선이라고요?

보통 우리는 거북선을 철갑선으로 알고 있지요?
그러나 거북선은 철갑선이 아닌 소나무로 만든 군함이에요.
다만 지붕을 갑옷의 비늘처럼 얇은 쇠붙이로 두르고
그 위에 가시처럼 생긴 쇠못을 박은 것이죠.
만약 배 전체가 쇠붙이로 만들어졌다면 배의 무게 때문에
군함으로는 사용할 수가 없었을 거예요.
게다가 철은 녹슬기 쉬워서 배로 사용하기는 무리가 있었지요.
아니 정확히 말하자면 그 당시의 기술로는 철로 배를 만들기는
무리였다고 봐야지요.
그런데 왜 사람들은 거북선을 철갑선이라고 부르는 걸까요?
거북선을 철갑선이라 부르기 시작한 것은 바로 왜군이었어요.
실제로 일본 자료를 보면 거북선을 철갑선이라고 묘사하고 있어요.
배 전체가 철로 되었다고 생각을 한 것이지요.
원래 거북선은 돌격용으로 만들어진 배라고 해요.
돌격선이란 맨 앞에서 일본 배를 향해 돌진하여 공격하는 배예요.
그래서 왜군을 위협하기 위해 배 전체를 검정색으로 칠한 다음

거북선 앞쪽에는 용머리를 달고 등에는 얇은 쇠를 비늘처럼 붙인 다음 쇠못을 박았던 것이에요.
그런데 이런 단단한 모습의 거북선을 보고 왜군들은 거북선을 철로 만든 철갑선이라고 생각을 했던 것이지요.
게다가 거북선은 단단한 소나무로 만들어졌어요.
소나무는 가볍고 튼튼해서 일본의 배와 부딪혀도 끄떡없었어요.
당시 일본의 배는 삼나무로 만들어졌기 때문에 가볍기는 했지만 충격에 약해서 조선의 배와 부딪히면 쉽게 부서졌거든요.
그래서 왜군들은 거북선이 틀림없이 철로 만들어졌다고 생각을 하게 된 것이에요.

역사

3 갈릴레이가 피사의 사탑에서 물체의 낙하 실험을 하였다고요?

갈릴레이는 근대 과학의 아버지라 불리는 이탈리아의 물리학자예요.
그는 수학과 천문학 등 여러 분야에 걸쳐 많은 업적을 이루었는데
달의 표면에 산과 계곡이 있다는 것과 태양에 흑점이 있다는 것,
목성 주위의 네 개의 위성이 돌고 있다는 것 등을 발견했어요.
그런데 갈릴레이와 관련한 사실 중에서 우리에게 잘못 알려진
것이 있어요.
그것은 바로 그 유명한 '낙하의 법칙'을 증명하기 위해
피사의 사탑에서 두 개의 공을 가지고 낙하 실험을 했다는 것이에요.
갈릴레이는 이 실험을 통해 "가벼운 물체나 무거운 물체나 같은
높이에서 같은 속도로 떨어진다"라는 사실을 밝힌 걸로 유명하지요.
그러나 이것은 잘못 알려진 과학의 역사라고 해요.
갈릴레이는 피사의 사탑에서 낙하 실험을 하지 않았대요.
또한 종교 재판에 회부되어 '그래도 지구는 돈다'라는
유명한 명언을 남긴 걸로 유명한데 이 같은 말도 하지 않았다고 해요.

뉴턴이 사과가 떨어지는 것을 보고 만유인력의 법칙을 발견하였다고요?

역사

우리에게 잘 알려진 과학의 역사 중에 유명한 이야기가 있어요.
바로 뉴턴과 관련된 이야기이지요.
뉴턴은 만유인력의 법칙을 세우고 근대 역학 체계를 완성한
영국의 물리학자이자 천문학자예요.
여러분은 혹시 뉴톤이 사과나무 아래에 앉아 있다가
사과가 똑바로 떨어지는 것을 보고 만유인력을 발견했다는
이야기를 들은 적이 있나요?
이 이야기는 너무 유명한 이야기라 실제로 있었다고 주장하는
사람들도 많지만 사실은 꾸며진 이야기라는 것이 많은 역사학자들의
생각이에요.
만약 뉴턴이 나무에서 사과가 떨어지는 것을 보고 물리법칙을
세웠다면 뉴턴 이전의 많은 과학자들은 무얼 했느냐는 것이죠.
말하자면 그 정도로 물리법칙이 나올 수 있다면 누구나 할 수 있는
일이라는 것이에요. 물론 뉴턴은 지금 사람이 아니기 때문에
정확한 사실 여부는 알 수 없어요.
하지만 중요한 것은 뉴턴이 만유인력을 발견했다는 것 아닐까요?

5 로빈슨 크루소는 소설 속의 인물이라고요?

〈로빈슨 크루소〉는 영국의 작가 다니엘 디포의 소설이에요.
그 내용을 살펴보면, 어려서부터 모험을 좋아하던 로빈슨은
어느 날 항해를 하던 도중 폭풍우를 만나 배가 난파되고 말아요.
갖은 고생과 어려움을 겪으며 바다에서 표류하던 로빈슨은
가까스로 무인도에 상륙하게 된 뒤, 그곳에서 무려 28년 동안을
자연과 싸우면서 홀로 살아가지요.
그러다 무인도에서 탈출하여 고국으로 돌아가게 된다는 이야기랍니다.
이 소설을 쓴 디포는 60세가 다 된 나이에 이 소설을 발표하였는데,
〈로빈슨 크루소〉는 발표하자마자 엄청난 인기를 얻었다고 해요.
그런데 이 작품은 허구가 아니라 스코틀랜드의 선원
알렉산더 셀커크라는 사람의 실제 무인도 표류기를 소재로
삼았다고 해요. 셀커크는 실제로 칠레의
태평양 연안의 후안 페르난데스
제도에 있는 한 무인도에서
15년 동안을 혼자
살아야 했대요.

6 흑인 노예의 주인은 대부분 유럽인이었다고요?

역사

〈톰아저씨의 오두막〉이라는 책을 읽어 보았나요?
흑인노예의 비참한 생활을 엿볼 수 있는 이 책은 읽는 사람으로 하여금
가슴에 무언가 찡하고 와 닿게 하지요. 책이나 영화 속에서 보통
흑인 노예의 주인은 백인으로 나와서일까요?
왠지 흑인 노예를 부리는 사람은 유럽 사람들뿐이었을 것 같아요.
그러나 놀랍게도 흑인 노예를 가장 많이 부리던 사람은 바로
아랍인이었다고 해요. 유럽 사람들이 노예를 거느리기 시작한 것은
잠깐 동안이었지만, 아랍인들은 7세기에서
19세기까지 노예를 사고 팔았다고 해요.
물론 이 노예 제도가 생긴 것도 미국에서
처음 생긴 것이 아니에요. 노예 제도가
생긴 건 고대 그리스로마시대였어요.

그러다 아메리카 대륙에서 노예 제도로 정착을 하게 된 것이죠.
이 당시의 노예는 사람이 아니라 단지 사고 파는 상품에 불과했지요.
미국에는 특히 흑인 노예들이 많이 있었어요. 돈이 많은 백인들은
돈을 주고 흑인 노예를 사가서 일을 부려먹었답니다.

7 와트가 최초로 증기 기관을 발명하였다고요?

역사

와트는 증기 기관을 발명한 영국의 기계 기술자예요.
그런데 와트와 관련된 이야기 중에 물이 끓으면서 수증기 때문에
주전자 뚜껑이 움직이는 것을 보고 와트가 최초로 증기 기관을
발명하게 되었다고 알려져 있지요?
사실 이 이야기는 잘못된 이야기예요.
와트가 만들기 전에 이미 토머스 뉴커먼이 발명한 증기 기관이
쓰이고 있었거든요.
제임스 와트의 증기 기관은 뉴커먼의 기관을 개량하여 만든 것이에요.
어린 시절부터 솜씨가 뛰어난 와트는 가정 형편이 어려워
대학 진학을 못하게 되자 기계공이 되었어요.
그 뒤 와트는 글래스고대학의 기계를 수리해 주는 일을 했는데,
어느 날 이 대학의 물리학 교수로부터 고장 난 뉴커먼의 기관을
수리해 달라는 의뢰를 받았어요.
와트는 그 기관을 수리하면서 몇 가지 결점을 발견하였어요.
뉴커먼의 기관은 수증기가 들어가 실린더를 데워 준 다음에
다시 뜨거워진 실린더에 냉수를 뿌려 식힌 다음 수증기를 다시

넣어 주어야 했대요. 그러다 보니 열손실이 너무 커서 비효율적이었어요.

그래서 와트는 좀 더 효율적인 증기 기관을 만들어야겠다고 생각을 했어요. 그래서 연구를 계속해서 실린더에서 복수기를 분리시킨 증기 기관을 만들어 특허를 받았지요.

다시 말해 와트의 증기 기관이 최초의 증기 기관은 아니었던 거예요. 하지만 제임스 와트의 증기 기관이 그동안 수공업에만 의존하던 것을 대량 생산으로 바꾸었다는 것만은 틀림이 없는 사실이에요.

8 역사

타이타닉호가 역사상 최대의 선박 참사였다고요?

선박 참사 하면 '타이타닉호'가 떠올라요.
대형 호화 여객선인 타이타닉은 북대서양을 떠다니는 거대한 빙산에
부딪혀 침몰한 배로, 2,224명의 승객과 승무원 중 무려 1,513명이
물 속으로 가라앉았어요. 이 이야기는 영화로 만들어지면서
전 세계에 알려져 유명해진 이야기에요. 그래서 사람들은 타이타닉호가
역사상 가장 큰 선박 참사였다고 생각들을 해요.
그러나 사실은 타이타닉호가 역사상 최대의 선박 참사는 아니에요.
타이타닉호 역시 많은 사망자를 냈지만 사망자 수로 볼 때
'빌헬름 구스틀로프'호의 사망자 수가 타이타닉호보다 무려 6배나
많다고 해요.
'빌헬름 구스틀로프'호 대참사는 1945년 제2차 세계대전이 끝나갈
무렵 발트해에서 발생했어요. 배에는 소련군에 쫓겨 도망가던 1만 명
이상의 독일 사람들이 타고 있었는데 소련군의 공격을 받아
침몰하면서 무려 9천 명에 가까운 사람들이 물 속으로 가라앉았어요.
하지만 이 참사는 상대적으로 잘 알려지지 않았기 때문에
타이타닉호를 가장 큰 선박 참사로 알고 있는 사람들이 많아요.

9. 〈춘향전〉의 이몽룡은 소설 속의 인물이라고요?

역사

"글쎄 춘향전의 이몽룡이 실존 인물이래."
"무슨 그런 뚱딴지 같은 소리가 있니? 이몽룡은 춘향전에 나오는 소설 속의 인물이야."
도대체 누구의 말이 맞는 거죠?
춘향전은 우리나라의 소설 중에서도 많은 사람들의 사랑을 받고 있는 작품이에요. 그런데 성춘향과 이도령이 실존 인물이었다는 사실이 국문학자인 설성경 교수의 연구에 의해 밝혀졌어요.
밝혀진 내용에 의하면, 이도령의 본래 이름은 성이성(1595~1664)으로 조선 시대에 살던 실존인물이라고 해요.
성이성은 실제로 남원부사로 부임한 아버지를 따라 전라도의 남원에 사는 동안 기생과 사귀었는데, 수년의 세월이 흐른 뒤 암행어사가 되어 남원을 다시 찾았다고 해요.
그런데 그 사이 기생이 세상을 떠나 다시 만날 수 없었대요.
지금 우리가 알고 있는 이야기와는 조금 다른 내용이지만 〈춘향전〉이 실제 이야기를 소재로 만들어진 이야기라니 정말 놀랍지요?

10 역사

가장 큰 피라미드는 이집트에 있다고요?

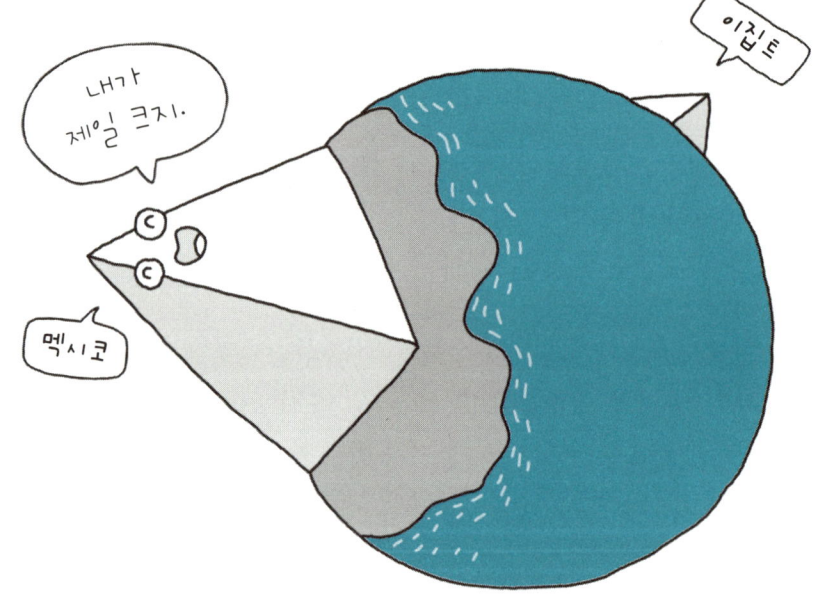

이집트하면 떠오르는 게 있지요?

수많은 피라미드와 스핑크스가 바로 그것이에요.

특히 피라미드는 세계 최대의 건조물로 네 개의 정삼각형이 모여서 이루어지는 사각뿔 모양으로 되어 있어요.

피라미드라는 말은 '중심에서 타는 불'이라는 뜻을 가지고 있어요.

그런데 이 피라미드 안에는 우주의 비밀이 숨어 있다고 해요.

바로 피라미드의 무게 중심에 우주의 에너지가 모이게 했다는 것이죠.
그래서 무게 중심에 녹슨 면도날을 놓으면 그 녹이 없어지고,
강력한 탈수 효과 때문에 인체가 썩지 않고, 음식 맛을 변화시키는
등의 이야기들이 전해 오고 있어요.
이집트에서 가장 유명한 쿠푸왕의 피라미드는 세계 7대 불가사의의
하나로 네 개의 변이 정확하게 동서남북을 가리키고 있어요.
쿠푸피라미드는 높이가 147미터, 밑변이 230미터로
완성하기까지 무려 20년이나 걸렸다고 해요.
그럼 쿠푸왕의 피라미드가 세계에서 가장 크냐고요?
아니에요. 쿠푸피라미드보다 더 큰 피라미드가 있어요.
가장 큰 피라미드는 멕시코에 있어요.
피라미드라고해서 이집트에만 있는 것은 아니거든요.
수단, 멕시코, 에티오피아, 그리스, 인도, 중국 등 전 세계에 걸쳐 있어요.
물론 가장 유명한 피라미드는 이집트에 있어요.
하지만 가장 큰 피라미드는 이집트가 아닌 멕시코에 있어요.
이 피라미드는 2세기와 6세기 사이에 아스텍의 신 케찰코아틀을
모시기 위해 세운 것으로, 바닥 넓이가 18만 제곱미터,
부피가 330만 세제곱미터로, 이집트에서 가장 큰 쿠푸피라미드보다
무려 100만 세제곱미터나 더 크다고 해요.
그러나 아쉽게도 촐룰라의 피라미드는 이제 모형으로만
남아 있다고 해요.

역사

모스 전신기는 모스의 발명품이라고요?

'모스전신기'는 '모스부호'를 사용한 전신기예요.
모스 부호는 짧은 점(·)과 긴 선(─)으로만 나타내는 것으로
영어의 글자를 부호로 나타내어 맞춘 것이지요.
모스전신기는 멀리까지 신호를 보낼 수 있는 가장 빠른 통신 수단으로
많은 사람들이 급한 연락을 할 때 유용하게 사용하는 것이에요.
"전신기 앞에 모스라는 이름이 붙여진 걸로 봐서
모스전신기는 틀림없이 모스의 발명품이야."
라고 생각하는 사람들이 많지요?
그런데 밝혀진 사실에 의하면 새무얼 모스는,
모스보호도 모스전신기도 모두 발명하지 않았다고 해요.
전신기를 실제로 발명한 사람은 조지프 헨리와 알프레드 베일이라는
기술자예요.
모스는 단지 이 두 사람이 발명을 할 수 있게 돈을 댔고,
나중에 특허권을 독차지 한 것이라고 해요.
그래서 전신기 앞에 모스의 이름을 달게 된 것이에요.

12. 미키 마우스는 월트 디즈니가 만들었다고요?

역사

미키마우스는 아직까지도 많은 사랑을 받고 있는 만화 캐릭터예요.
그런데 이 미키 마우스를 누가 만들었는지 알고 있나요?
만화 영화의 아버지라 불리는 월트 디즈니라고요?
미키 마우스는 월트 디즈니가 직접 만든 개인 창작물이 아니에요.
월트 디즈니가 만든 '월트 디즈니 프로덕션'에서 일하는
'어브 어웍스'라는 만화가에 의해 만들어졌어요.
미키 마우스를 최초로 그린 사람은 월트 디즈니가 아닌
'어브 어웍스'라는 만화가라는 말이에요.
실제로 미키 마우스가 만들어진 1927년 디즈니는 도안이나
그림을 그리지 않았다고 해요.
모든 일을 자신이 데리고 있던 만화가들에게 맡겼던 것이죠.
그리고 캐릭터가 완성이 되자,
디즈니의 부인 릴리안이 '미키 마우스'라는 이름을 붙였다고 해요.

13

역사

옛날 해적들은 해골이 그려진 깃발을 달았다고요?

해골과 X자 모양의 뼈가 같이 그려져 있는 그림을 보면
뭐가 떠오르나요? 바로 해적선이지요?
만화 영화를 봐도 소설을 봐도 해적선의 배에는 모두 이런 깃발을
달고 있어요. 해적 깃발은 보는 사람들로 하여금 공포를 느끼게 해요.
해골은 곧 죽음을 의미하는 것이잖아요.
그런데 참 이상한 것이 있어요.
해적 깃발을 달고 있으면 다른 배들이 자신의 배를 약탈할 거라는 걸
알고 도망칠 텐데 왜 그런 깃발을 달고 있는 것일까요?
말하자면 '나는 해적이다'라고 광고를 하는 꼴인데 말예요.
그런데 신기하게도 이 깃발은 처음부터 해적을 상징하는 깃발은
아니었어요. 사실은 오스트리아 합스부르크 왕가의 상징인
검은 독수리의 그림이 잘못 전해진 것이라고 해요.
옛날 오스트리아 합스부르크 왕가가 정권을 잡던 시절,
합스부르크가는 바다를 이용하는 자기 나라의 상인들에게
적국의 상선을 약탈할 수 있는 허가증을 내 주었다고 해요.
그 당시는 오늘날과 같은 해군이 없었기 때문에 자기 나라의 배를

보호하기 위해서는 어쩔 수가 없었대요. 그리고 때로 자기 나라의 배를 약탈한 상대방의 나라에게 보복을 하기 위해서도 이런 일은 필요했던 거구요.

그래서 합스부르크가 역시 자신의 나라 상인들에게 적국의 배를 약탈해도 좋다는 합법적인 허가증을 내 주게 된 것이에요.

이것이 바로 합스부르크가를 상징하는 검은 독수리 그림이었는데, 이 깃발을 단 상선들은 마음 놓고 외국의 상선을 약탈했어요.

그런데 이 독수리 그림은 멀리서 보면 해골 모양과 비슷하거든요. 그래서 뒷날 해적을 상징하는 영화나 소설에서 해적선을 상징하는 깃발로 쓰이게 되었대요.

14 역사 클레오파트라가 빼어난 미인이었다고요?

흔히 '절세미인'하면 동양의 양귀비와 이집트의 클레오파트라를 꼽지요.
특히 클레오파트라는, "그녀의 코가 1센티미터만 낮았더라도 세계 역사가 바뀌었을 것"이라고 할 만큼 빼어나게 아름다웠다고 해요.
말하자면 클레오파트라가 못생겼다면 로마 장군들이 서로 싸우지 않았을 것이고, 또 그렇게 되면 역사가 바뀌어졌을 거라는 얘기인데, 사실 클레오파트라의 조각상을 보면 150센티미터의 작은 키에 통통한 몸집, 그리고 매부리코의 보통 얼굴이라고 해요.
지금의 기준으로 볼 때 클레오파트라는 미인은 아니라는 얘기이지요.
물론 이런 우리의 생각은 잘못 되었을 수도 있어요.
옛날과 지금의 아름다움의 기준이 다르기 때문에 클레오파트라의 모습이 그 시절에는 최고의 미인의 모습이었을 지도 모르니까요.
중요한 것은 그녀는 분명 당대의 영웅들을 휘어잡은 훌륭한 여왕이었다는 것이죠.

15 레오나르도 다빈치가 자전거를 발명했다고요?

역사

자전거의 원조는 무엇일까?
기록이 정확하지는 않아서 자전거의 원조를 확실히 '이것이다'라고
단정할 수는 없지만 학자들은 18세기말 프랑스에서 만들어진
셀레리페르를 자전거의 원조로 보고 있어요.
그런데 이와 같은 사실을 아는 사람은 그리 많지 않지요.
이것은 바로 레오나르도 다빈치가 남긴 원고에 들어 있는 자전거 그림
때문이지요. 레오나르도 다빈치는 최후의 만찬, 모나리자 등의
그림으로 유명한 화가예요.
그는 비행기 모형과 새 같은 스케치도 많이 남겼는데,
1965년 스페인 마드리드 국립도서관에서 발견된 레오나르도 다빈치의
원고에서 바로 자전가 스케치가 나온 것이에요.
그래서 사람들은 레오나르도 다빈치가 자전거를 고안했다고 생각했어요.
그런데 이 자전거 스케치가 레오나르도 다빈치의 그림이라고는
믿기지 않을 만큼 조잡하고 형편이 없었어요.
그래서 조사를 해 본 결과 자전거 스케치는 누군가에 의해 장난으로
그려진 것이라는 것이 밝혀졌대요.

역사

16 신데렐라가 유리 구두를 신었다고요?

신데렐라는 너무나 잘 알려진 유명한 동화예요.
특히 유리 구두 때문에 왕자님과 다시 만나는 장면은 정말 아름답지요.
그런데 동화 속이니까 다행이지 실제로 유리 구두를 신는다면 어떨까요?
잘못하다간 깨지기 쉬울 것 같기도 하고, 발이 몹시 아플 것 같기도 해요.
동화 속에서는 유리 구두를 신고 왕자님과 멋지게 춤을 추기도 하고
또 계단에서 유리 구두가 벗겨졌는데도 깨지지 않았지만요.
그런데 원래 신데렐라 이야기 속에는 유리 구두가 나오지 않는대요.
원전에 의하면 신데렐라는 털가죽으로 만든 신을 신었다고 해요.
그런데 프랑스의 작가 샤를 뻬로가 1697년에 동화를 다시 쓰면서
털가죽(vair)이라는 단어를 유리(verre)의
잘못인 줄 알고 유리 구두로
고쳐 버렸어요. 프랑스에서는
14세기부터 털가죽이라는
말을 쓰지 않았거든요.
그 후 지금의 유리 구두
이야기가 널리 알려지게 되었대요.

17

미 독립선언은 1776년 7월 4일이다?

역사

미국의 독립선언 날짜는 1776년 7월 4일로 알려져 있어요.
실제로 미국 사람들은 7월 4일을 독립 기념일로 기념해 왔어요.
그래서 해마다 기념일이 되면,
TV에서는 독립 기념과 관련된 여러 프로그램을 방송하고
각종 축하 행진과 기념 음악제 등의 기념 행사를 하지요.
7월 4일은 미국의 최대 경축일이라고 할 수 있을 거예요.
그런데 이것은 잘못 알려진 것이래요.
1776년 7월 4일 식민지 13주의 대표들이 모인 필라델피아의
제3회 대륙회의의 승인을 얻어 7월 8일 공식적으로 독립을
선언했다고 해요.
7월 8일이야말로 영국의 지배 하에 있던 13개의 식민지가
드디어 영국으로부터 독립하는 감격스런 날인 것이죠.
또한 이 선인시의 원래 명칭은,
'아메리카 합중국 13개주의 만장일치 선언'이었어요.
그러던 것이 독립선언이란 말로 바뀌어 사용되기 시작한 것이지요.

18

역사

아라비아 숫자는 아라비아에서 만들어졌다고요?

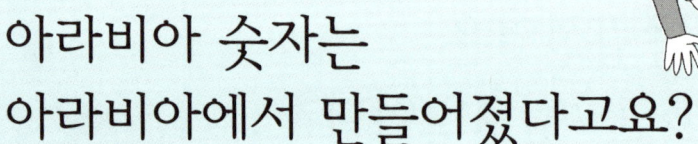

1, 2, 3, 4, 5, 6, 7, 8, 9, 10과 같이
우리가 현재 사용하고 있는 숫자를 아라비아 숫자라고 해요.
"숫자는 아라비아 사람들이 만든 것인가요?"
"아니, 인도 사람들이 만들었어."
"뭐라고요? 그럼 왜 인도 숫자라고 하지 않고 아라비아 숫자라고
하는 걸까?"
여러분도 이런 생각이 들지요?
아라비아 숫자는 지금으로부터 약 2천 년 전, 분명 인도 사람이
처음 만든 것이에요.
그런데 이 숫자를 먼저 사용한 사람들은 아라비아 상인들이었어요.
당시 아라비아는 인도와 유럽을 오가면서 장사를 하고 있었죠.
아라비아 상인들은 인도에서 이 숫자를 배웠어요.
그런데 다른 어떤 나라의 숫자보다 계산하기가 편했어요.
다른 숫자는 수가 늘어날 때마다 새로운 숫자를 만들어 내야 했지만
인도의 숫자는 1에서 9까지의 숫자와 0을 사용하여
10이 될 때마다 한 자리씩 올렸기 때문에

그 어떤 계산도 간단하게 할 수 있었거든요.

인류 역사상 정말 대단한 발명이 아닐 수 없지요?

아라비아 상인들은 이 숫자 덕분에 덧셈, 뺄셈, 곱셈, 나눗셈 등을 쉽게 할 수가 있었어요.

그래서 상인들은 인도에서 배운 숫자를 계속해서 사용하게 되었고 유럽에까지 전하게 된 것이에요.

그 뒤 유럽의 수학이 크게 발달하게 되었음은 말할 나위가 없겠죠?

유럽 사람들은 이 숫자를 아라비아 사람들이 사용하는 숫자라고 해서 '아라비아 숫자'라고 부르게 되었어요.

그럼 이 숫자가 어떻게 만들어졌는지 한번 알아볼까요.

역사

19 모차르트는 오스트리아 사람이었다고요?

고전파의 대표적인 음악가 모차르트를 알지요?
모차르트는 음악의 신동이라 불릴 만큼 겨우 8살 꼬마였을 때부터 연주 실력이 뛰어났다고 해요.
그 뒤 뛰어난 재능으로 37년 동안 600여 곡의 아름다운 음악을 남겼지요. 특히 모차르트의 3대 교향곡이라 불리는 '제39번 E장조', '제40번 G단조', '제41번 C장조 : 주피터교향곡'은 모차르트가 세상을 떠난 지 250년이 지난 오늘날까지도 우리에게 많은 감동을 주고 있어요.
그런데 모차르트와 관련되어 알려진 사실 중에 잘못 알려진 것이 있어요. 그것은 바로 모차르트가 1756년 오스트리아의 잘츠부르크에서 태어났다고 하는 거예요.
하지만 모차르트가 태어난 잘츠부르크는 그 당시 오스트리아의 땅이 아니었어요.
잘츠부르크가 오스트리아의 땅이 된 건, 모차르트가 세상을 떠난 지 25년 뒤인 1816년 이었어요. 그러므로 모차르트가 오스트리아에서 태어났다고 말하는 것은 대단히 잘못된 것이에요.

20 아인슈타인이 상대성 이론으로 노벨상을 받았다고요?

역사

세상에서 가장 위대한 과학자라면 단번에 아인슈타인을 꼽을 수 있을 거예요.

아인슈타인은 특수 상대성 이론, 일반 상대성 이론, 중력과 양자론 등 많은 과학 이론을 발표했어요.

아인슈타인의 이론들은 전 세계의 물리학을 발달시키는데 큰 공헌을 했어요.

특히 아인슈타인의 상대성 이론은,

'아주 작은 양의 질량이라도 거대한 에너지로 변화할 수 있다'는 것을 보여 주는 것으로 아주 놀라운 것이었죠.

하지만 아쉽게도 '상대성 이론'은 처음에는 빛을 보지 못했어요.

그러나 곧 세상의 주목을 받으면서 아인슈타인의 이름은 유명해졌어요.

그래서인지 우리는 보통 아인슈타인이 상대성 이론으로 노벨상을 받았다고 생각해요. 아마도 상대성 이론이 너무 유명하다 보니 그런 생각을 하는 것 같아요.

하지만 아인슈타인은 상태성 이론이 아닌 '광전효과' 연구로 1921년 노벨물리학상을 받았어요.

21 역사 — 네로 황제가 로마에 불을 질렀다고요?

'네로 황제'하면 이름난 로마의 폭군이에요.
사치스럽고 방탕했으면 게다가 잔인했다고 알려져 있어요.
사람들은 네로 황제가 새 도시를 건설하려던 뜻을 이루지 못하자,
로마에 불을 질렀다고 알고 있지만 네로가 진짜로 불을 질렀다는
역사적인 증거는 하나도 없어요.
더구나 네로 황제가 로마시내에 불을 질러놓고
도시가 한눈에 보이는 곳으로 올라가 불타오르는 지옥 같은
도시의 모습을 구경하면서 바이올린을 켰다는 이야기가 있는데
이것 역시 잘못된 이야기예요.
네로 황제가 살던 시대에는 바이올린은 만들어지지도 않았대요.
게다가 자료에 의하면 로마시내에 화재가 일어났을 때
네로는 로마에서 60여 킬로미터나 떨어져 있는 별장에 있었다고 해요.
네로가 불을 직접 지를 수 없는 거리였지만 사람들은 네로가
로마를 자신의 취향대로 새로 지으려고 도시에 불을 질렀다고
오해를 했다고 해요.

22. 고대 올림픽 경기는 아마추어 선수만 참가할 수 있었다고요?

역사

올림픽은 4년마다 열리는 전 세계인의 축제예요.
우리나라에서도 지난 1988년 서울에서 올림픽이 치러졌지요?
원래 올림픽은 제우스를 기리기 위해 치러지던 고대 그리스의
제전경기예요.
고대 올림픽은 BC 776년에 시작하여 AD 393년까지 약 1,000년간
계속되다가 약 1,500년간 중단이 되었는데, 프랑스의 쿠베르탱에
의해 1896년 그리스의 아테네에서 제1회 대회를 열면서 지금까지
계속되었지요.
그런데 올림픽 경기에는 아마추어 선수만 참가할 수 있다고 알고 있지요?
물론 지금은 참가 자격을 '아마추어'가 아닌 '올림픽 경기자'로
바꿨지만 고대 올림픽 경기는 아마추어 선수만 참가할 수 있었대요.
하지만 알려진 것에 의하면 고대 올림픽 경기에 참가한 선수들이
결코 순순한 아마추어 선수기 아니었대요.
참가 선수들은 올림픽에 참가하기 위해 오랜 훈련을 했으며
전문적으로 계속 운동에만 전념하던 프로 선수였다고 해요.

23

역사 | 네 잎 클로버는 나폴레옹이 발견한 뒤부터 행운의 상징이 되었다고요?

클로버 잎은 원래 세 잎이에요.
네 잎 클로버는 말하자면 돌연변이인 것이지요.
그런데 흔하지 않아서인지 네 잎 클로버가 행운을 가져다 준다고 알고 있는 사람들이 참 많아요.
게다가 나폴레옹이 전쟁터에서 우연히 네 잎 클로버를 발견하고는 고개를 숙였다가 날아오는 총알을 피해 목숨을 구하게 되었다는

유명한 이야기는 네 잎 클로버를 단숨에 '행운을 가져다주는
상징'으로 생각하게 만들었지요.
그렇다면 정말로 나폴레옹이 네 잎 클로버를 발견한 뒤부터
네 잎 클로버가 행운의 상징이 되었을까요?
클로버가 행운의 상징이 된 것은 나폴레옹이 태어나기 훨씬 전부터
있었던 이야기예요.
기록에 의하면 고대 영국의 드루이드 교도들은
네 잎 클로버를 아주 신성하게 여겼어요.
이들은 태양신을 믿는 영혼 불멸을 주요 교리로 삼던 사람들로,
네 잎 클로버는 악마를 쫓는 신기한 힘이 있다고 믿었어요.
그 뒤 아일랜드에 크리스트교가 들어온 후에도
이 같은 믿음은 그대로 전해져 클로버는 아일랜드를 상징하는
국화가 되었어요.
네 잎 클로버가 정말 행운을 가져다 주냐고요?
사실, 네 잎 클로버가 진짜로 행운을 가져다 주는지는 그 누구도
밝혀낼 수 없어요.
하지만 행운은 바로 우리 마음속에 있는 것은 아닐까요?
네 잎 클로버를 보고 행운이라고 생각하며 희망을 갖는다면
행운도 내 것이 될 수 있을 테니까요.

24 역사

최초로 낙하산을 메고 뛰어내린 사람은 프랑스인이었다?

최초로 낙하산을 타고 뛰어내린 사람은
프랑스 사람인 앙드레 자크 가르느랭으로 알려져 있어요.
앙드레 자크 가르느랭은 1797년 10월 22일 파리의 파르크 몽소의
상공 400m 높이에서 낙하산을 타고 뛰어내렸지요.
그런데 이보다도 더 이전인 16세기에 이미 레오나르도 다빈치가
낙하산 설계도를 남긴 것을 보면 낙하산을 타고 내린 최초의 사람은
프랑스인이 아닐 가능성이 커요.
게다가 이보다도 훨씬 전인 14세기 초에
중국의 곡예사들이 이미 양산처럼 생긴 낙하산을 타고 탑에서
뛰어내렸다고 해요.
엄밀히 말하면 최초로 낙하산을 타고 내린 사람은
중국의 곡예사들이 되는 셈이지요.
즉, 프랑스인은 낙하산을 본격적으로 이용한 사람이라고 말하는 것이
정확한 표현이 될 거예요.

25

포석정은 놀이터였다고요?

역사

포석정은 역대 임금들이 흐르는 물 위에 술잔을 띄우고
노래와 춤을 추며 놀았던 곳으로 경주 남산 서쪽에 위치하고 있어요.
특히 신라의 마지막 왕인 경애왕이 견훤이 쳐들어온다는 소식을
전해 듣고도 태평스럽게 포석정에서 술잔치를 벌이다 결국은
견훤의 손에 죽임을 당했다는 이야기는 정말 유명하지요?
그런데 이곳 포석정이 그동안 알려진 대로 놀고 마시는
단순한 놀이터는 아니라고 해요.
신라 왕족의 놀이터로 알려진 안압지의 경우에는
연못 안에서 실제로 연회 때 사용하던 유물들이 발견되었지만,
포석정에서는 이런 유적들을 한점도 발견하지 못했대요.
다만 포석정 근처에서 제사에 쓰던 그릇들이 몇 점 발굴되었을
뿐이래요.
게다가 포석정 근처에는 제사를 지내기 위해
몸을 깨끗이 씻을 수 있는 웅덩이가 발견 되었다고 해요.
이것으로 봐서 포석정은 단순한 놀이를 즐기던 곳이 아니라
중요한 제사 의식을 지내던 곳이라고 해요.

역사

황제라는 호칭을 쓴 사람은 고종 황제와 순종 황제뿐이었다고요?

황제라는 이름은 '왕보다 높다'라는 의미를 가지고 있어요.
역사를 보면 우리는 중국의 왕을 황제로, 우리나라의 왕은 그냥
왕으로 불렀어요.
하지만 청나라의 힘이 약해지면서 고종은 황제라는 호칭을 써서
우리나라가 이제는 청나라의 속국이 아니라는 것을 알렸지요.
이렇게 해서 우리나라에서 황제라는 칭호를 쓴 사람은
고종 황제와 순종 황제예요.
그런데 이 두 황제 외에도 황제라는 호칭을 쓴 왕이 있어요.
바로 고구려의 광개토대왕이에요.
이해가 되지 않는다고요?
먼 옛날 황제라는 말을 처음 사용하게 시작한 사람은 바로
중국의 진시황이었어요.
진시황은 중국을 통일하면서 황제라는 호칭을 사용하였는데,
황제란 하늘의 중심, 즉 세상에서 가장 높은 왕이라는 의미였어요.
그 뒤 중국의 왕들은 계속해서 황제라는 호칭을 써왔고
상대적으로 힘이 약한 우리나라의 왕들은 왕이라는 호칭만 써왔어요.

그런데 고구려의 광개토대왕 비문에 보면, 광개토대왕이 왕 중의
왕인 '국강상광개토경평안호태왕'이라고 새겨져 있어요.
대왕과 태왕, 호태왕은 모두 황제를 뜻하는 우리말이에요.
일본의 황제를 '천황'이라고 하고, 중국의 황제를 '황제'라고 하고,
몽골제국의 황제를 '칸'이라고 하듯이 대왕이나 태왕은
우리나라의 황제를 일컫는 호칭이었다는 것이죠.
그러던 것이 고려 제25대왕인 충렬왕 때 원의 지배를 받게 되면서
대왕과 태왕이라는 말 대신 왕이라는 말을 사용하게 된 것이에요.